Ⓢ新潮新書

大塚ひかり
OTSUKA Hikari

毒親の日本史

900

新潮社

はじめに　親子の愛憎が歴史を作る

系図の最小単位＝親子関係

系図作りが好きです。

一本の縦線や横二重線に、汲《く》めども尽きぬ豊かな世界、時に悲しく、時に残虐な、胸に迫る物語を見いだした時の喜びは何にも替えがたい。

そうして生まれた『女系図でみる驚きの日本史』『女系図でみる日本争乱史』（共に新潮新書）は、通常の父系の系図ではなく、どの母の〝腹〟から生まれた子であるかに注目した母系の系図で切ることで、歴史を読み直したものです。

それにつけても痛感したのは、系図の最小単位である「親子関係」の奥深さなのです。

親子という、いわば「最も小さな系図」でくり広げられる確執や感情のぶつかり合いが、歴史を動かし、兄弟間の不仲を生んで争乱を呼ぶと言っても過言ではありません。

歴史上の有名事件の裏には、親子が敵味方に分かれて争ったり、対立して絶縁したり、殺し合ったりといった例が枚挙にいとまない。ヤマトタケルノ命《みこと》は父・景行天皇に見殺し同然に西征・東征に赴かされて死んでしまうし、護良親王は父・後醍醐天皇に利用されるだけされ、見捨てられて足利方に暗殺されます。

「世を治める太上《だいじょう》天皇と前関白が、共に兄を憎み、弟をひいきして、こんな世の中の最大事を行った末に起きたのが保元の乱である」

と慈円が指摘したように（『愚管抄』巻第四）、歴史を変えた大争乱が、権力者の親子間の愛憎から起きているということも多い。もちろん親があっての子、責任の大半は親にあります。親の身勝手で子を差別したり、子を自分の道具としか見なかったりすることで、関係がこじれ、大事を招いてしまうのです。

折しも現代日本では、子どもの人生を奪い、ダメにする「毒親」という概念が世に知られ、「毒親育ち」と称して昔のトラウマを語るネット民が多く見られたり、親の虐待による悲惨な死を遂げた子どものニュースがしきりに報道されたりしています。

スーザン・フォワードの『毒になる親——一生苦しむ子供』（玉置悟訳）の登場以来、

「毒親」という観点を得た我々は、日本史上の政界のみならず、宗教界、はたまた文学界の親子に、毒親と言うも生ぬるき「鬼親」、そんな鬼親に育てられ歪《ゆが》んでしまった「毒子」があふれ返っていることに戦慄すると同時に、ある種の納得を感じるに違いありません。

そして知るでしょう。

この世の喜怒哀楽、世にある事件は、系図の最小単位である一本の縦線から始まるのだ、と。

系図上では、夫婦を表す横二重線以上に、はかなく頼りない親子の縦一本線──。そこに込められた愛憎が、日本史上に与えたはかりしれない影響の、一端なりとも感じ取っていただければ幸いです。

毒親の日本史　目次

凡例

＊　本書では、古典文学から引用した原文は〝　〟で囲んだ。

＊　〝　〟内のルビ及び神名は基本的に旧仮名遣いで表記した。

＊　古代神話の神（人）名は原文では漢字だが、文献や登場箇所によって表記がまちまちなため、基本的に片仮名にした。

＊　引用した原文は本によって読み下し文や振り仮名の異なる場合があるが、巻末にあげた参考文献にもとづいている。ただし読みやすさを優先して句読点や「　」を補ったり、片仮名を平仮名に、平仮名を漢字に、旧字体を新字体に、変えたものもある。

＊　引用文献の趣意を生かすため、やむを得ず差別的な表現を一部使用している場合がある。

＊　敬称は、面識のある人などのほかは、基本的に略した。

＊　とくに断りのない限り、現代語訳は筆者による。

＊　天武以前は、天皇は大王、皇后は大后と呼ばれるが、便宜上、天皇・皇后で統一する。景行などの漢風諡《おくりな》も八世紀後半に決められたものだが煩雑になるので諡で呼ぶ。また現行の天皇の即位順は明治期に決められたもので、それ以前は天皇と見なされなかった者、逆に官撰の『日本書紀』では天皇とされなくても『風土記』などでは天皇と記される者もいるが、現行の即位順を用いる。

第一章　毒親育ちの「ずるさ」　神功皇后と応神天皇

子捨てと子殺しから始まった

日本史を「毒親」という観点から見ると、子を虐待して殺傷するような犯罪的なハード毒親から、子を差別し自尊心を奪い辱《はずかし》める現代的な毒親まで、実に毒親だらけであることに驚きます。

とりわけ『古事記』（七一二年）、『日本書紀』（七二〇年ころ）、『風土記』（『出雲国風土記』は七三三年）あたりに出てくる親は、現代の基準からするとすべてがハード寄りの毒親です。

まずイザナキ・イザナミという日本を作った夫婦神はあらゆる児童虐待を行っている。

最初に生まれたのは、ぐにゃぐにゃの水蛭子《ひるこ》だというので葦船に入れて流し捨ててしまうし、イザナミの女性器を焼いて出てきた火の神はイザナミの死因となったというんで、父・イザナキが斬り殺してしまう。さらにイザナキの禊《みそぎ》で生まれた三貴子《さんきし》（同じ子でも差別があるのにも注目です）の一人であるスサノヲは、亡き母・イザナミを慕って泣いてばかりいるので、激怒した父・イザナキは、

「この国に住んではならぬ」（〝此の国に住むべくあらず〟）

と言って追放してしまいます。

子捨て、子殺し、気に障る子には「出てけ！」の暴言——毒親と言うにはあまりに毒々しすぎる犯罪的な三点セットを、日本の国土を生んだ神々はしでかしている。

もちろんこれらは神話です。

けれど、当時の人が犯罪者のそれとしてではなく、「神や貴人の所業としてあり得ること」として受け入れられる、許容できるからこそ、語られたのです。

毒母・神功皇后

そういう意味で言うと、倭の女王・卑弥呼にも重ねられる神功皇后《じんぐう》の伝説もまた、いくばくかの真実を孕《はら》んでいると言えます。

いくばくか——というのは、主として皇后が〝三韓〟、いわゆる新羅、百済、高句麗

を征圧したという『日本書紀』に伝えられる話は、かつて日本の帝国主義による東アジア侵略の根拠に利用されたという歴史から、とくに第二次世界大戦後は伝説として否定されています。

一方で、高句麗の好太王碑文や、日本の考古学資料から、四世紀末から五世紀初めにかけて、倭国が朝鮮半島に進出していたことは確実視されている。

神功皇后とその息子の応神天皇のころの『日本書紀』の時代設定は、百済の史料と照らし合わせると百二十年ほど後の時代であること――つまりは四世紀から五世紀の出来事が記されていることが、東洋史学者・那珂通世《なかみちよ》以来、知られており、すべてを作り事と切って捨てるのは無理があります。

神功皇后の実在性は否定されているとはいえ、何らかの史実がベースにあって、そこから作られたキャラクター&説話と考えたほうが、納得がいきます。

だとしても、神功皇后の妊娠・出産記事は、なんでまたわざわざこんなに荒唐無稽な話にしたの？　と疑問なくらい、嘘っぽい話のオンパレードなのです。

そもそも神功皇后は仲哀天皇の妻〈系図1〉なわけですが、『古事記』によれば、

〝神を帰《よ》せき〟

『古事記』による

❖系図1　神功皇后関連

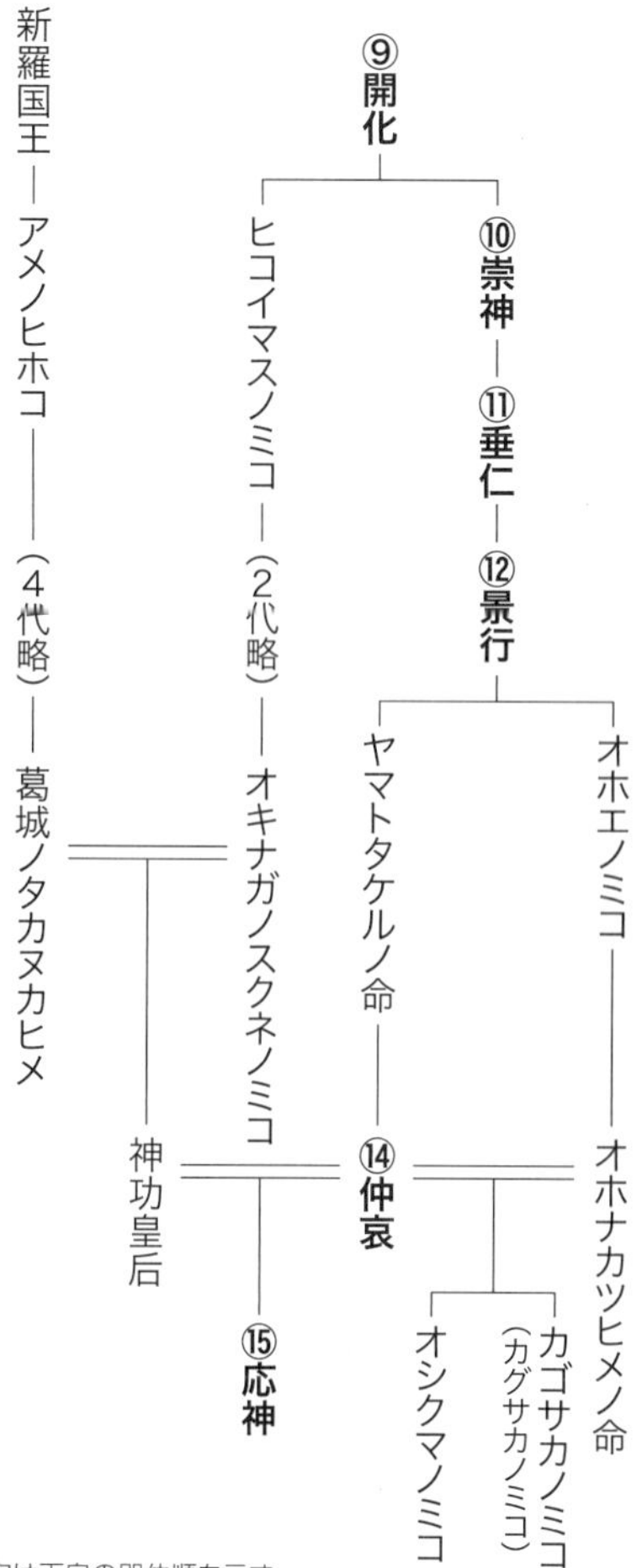

※丸囲み数字は天皇の即位順を示す。

神を降ろして、自分に憑依させるパワーを持っていた。

つまりはシャーマンです。

これは古代の女王にはありがちなことで、卑弥呼もそうでした。で、神がかりした皇后が、

「西のほうに国がある。金銀をはじめ、まばゆいほどの珍宝がたくさんその国にある。私は今、その国を従えようと思う」

と言うと、夫の仲哀は、

「高い所に昇って西のほうを見ても国土は見えずに、大海が見えるだけだ」

と答え、「嘘つきな神だ」と考えて、神を寄せるための琴を押しのけ黙っていた。やる気ゼロの仲哀に、激怒した神（神が憑依していた皇后）は、

「この天下はお前が統治すべき国ではない。お前は一直線にあの世へ行け！」

と言った。そこでタケウチノスクネノ大臣《おほおみ》が天皇に琴を勧めたものの、天皇はいい加減にしか弾かない。そのうち琴の音が聞こえなくなったので灯りをつけるとすでに天皇は事切れていた——というわけです。

状況からして皇后と大臣の陰謀で仲哀が殺されたという説が出てくるのも無理はあり

ません。

皇后はさらに、継子にあたるカゴサカ（カグサカ）ノミコ（王《みこ》）とオシクマノミコを殺しているんですが、そのやり方がまたえぐい。

仲哀死後、妊婦の身で新羅を攻め、筑紫国で皇子（のちの応神）を出産した彼女は、『古事記』によると大和へ入る際、二人の継子を油断させるため、あらかじめ喪船《もふね》を作って皇子をその船に乗せ、「皇子が死んだ」と嘘の噂を流させます。それで相手が自分を攻めるかどうかをためしたのです。

ことばが現実になるという「言霊《ことだま》」が信じられていた古代、これ、明らかに反則ですよね？

というか、皇后は言霊を信じていなかったんでしょうか、シャーマンなのに……。

皇子の命より勝利が大事だったんでしょうか？

数々の疑問が浮かびますが、しかし、そこまでしても、皇后は、継子に攻められ、勝てなかったのです。

すると驚くべきことに、今度は自身が死んだと嘘をつく。

そうして〝欺陽《いつは》りて〟降伏までしてしまう。

そこで相手が武器をおさめたところを、一斉攻撃して勝利するのです。

神功皇后は、なぜこんなにも手段を選ばなかったのか。

と考えるに、そこまでしないと勝てないほどに継子の勢力が強く、神功皇后の腹の子が即位する正統性が低かったからでしょう。

神功皇后が開化天皇の五世の孫であるのに対し、この継子たち――カゴサカノミコとオシクマノミコの母は景行天皇の孫です。

母方の血筋から言っても、年齢的にも、二人の方に本来の皇位継承権があった可能性は限りなく高いでしょう。軍勢も彼らのほうが多かったに違いありません。しかも、前出の〈系図1〉を見てもらうと分かるんですが、神功皇后の母方の先祖って新羅の国王なんです。これも謎。先祖が新羅の王だから、新羅の存在を知っていたという設定なんでしょうか。神功皇后は実在しないと言われているとはいえ、何か意味がありそうです。

いずれにしても、こんなふうに、神功皇后と応神は血筋的に継子たちより劣勢にあったからこそ、おそらくは味方も少なく、ここまで卑怯な手段を使わざるを得ぬ設定となった――神話では、ヤマトタケルノ命もそうですが、いかに効率良くだまし討ちするかが英雄の条件だったりもするので、このあたり、ことば通りに受け取る必要はないのかもですが――だとしても、皇子や自分が死んだとか嘘の降伏というのは、源平時代、あり得ない急坂を馬で下った義経や、戦国時代、城を兵糧攻めにした秀吉よりも、ある意味、戦上手です。

そして殺されたカゴサカノミコ（彼は戦の前、神意を問う狩でイノシシに食われて自滅）とオシクマノミコにとって、神功皇后は毒継母ということばでは言い表せぬほどの犯罪者です。

応神にしてみれば鬼神を母に持ったようなものですが、彼は、〝胎中《はらのうちにまします》誉田天皇《ほむたのすめらみこと》〟〝胎中之帝《ほむたのすめらみこと》〟〝胎中天皇《ほむたのすめらみこと》〟と呼ばれ（『日本書紀』継体天皇六年十二月条・二十三年四月七日条・宣化天皇元年五月条）、母の胎内にいる時から皇位が約束されていたことが強調されています。

強調しなければならないほどに危うい思いをして勝ち取った地位であると同時に、彼が一つの王統の元祖的存在であったことを暗示しているのです。

息子に妃を譲る

というのも応神は、『宋書』倭国伝のいわゆる倭の五王の一人である〝讃〟に比定される場合もあり、実在する最古の天皇という説もあるのです。

この応神に伝えられる逸話は、激しい母とは正反対の優しく穏やかなものばかり。『日本書紀』によれば、日向国の美女カミナガヒメを妻にしようとした際、息子のオホサザキノ命（のちの仁徳天皇。以下、仁徳）が彼女に一目惚れしたのを知ると、二年越しで用意した結婚にもかかわらず、息子に快く譲ってしまいます（応神天皇十三年九月条）。

古代天皇家にあって、これがいかに寛大な処置であるか。

たとえば景行天皇は、妻の候補を息子のオホウスノ命に奪われ、オホウスの同母弟のヲウスノ命（のちのヤマトタケルノ命）に「ねんごろに教え諭せ」と命じ、結果、オホウスはヲウスに殺されてしまいます。父のお妃候補をもらい受けた仁徳にしても、自分のお妃候補を奪った異母弟を殺しています。

奪われるのとはわけが違うとも言えますが、応神は、吉備国出身の妃が親を慕って嘆いているると、吉備へ帰るのをゆるした上、彼女の船を見送ってさえいるのです。

優しいと言えば聞こえはいいものの、激しい母のコントロール下にあった応神は、子や妻に対しても自己主張が苦手な性格に育ってしまったようにも感じます。

年長の子と年少の子、どちらが可愛いか

そんな応神がただ一度、自己主張に近いことをしています。近いことというのは、ダイレクトな自己主張ではなく、子どもに決めさせる形の巧妙な自己主張だからです。

応神は死の前年、皇子の中で主だったオホヤマモリノ命と仁徳を呼んで尋ねました。

「お前たちは子を可愛がっているか?」

「えらく可愛がってます」

二人が答えると、さらに、

「年長の子と年少の子とどちらがとくに可愛いか」

とたたみかけます。年長のオホヤマモリが、

「年長の子にまさるものはありません」

と答えると、

〝天皇《すめらみこと》、悦《よろこ》びたまはぬ色《みおもへり》有り〟（『日本書紀』応神天皇四十年正月八日条）

要はビミョーな顔つきになったのです。

一方の仁徳は、あらかじめ父の顔色を観察し、答えます。

「年長の子はたくさん年を重ねて、すでに成人しているから心配もありません。ただし年少の子はまだ一人前になれるか分かりません。そのため年少の子がとくに愛しいです」

すると、天皇は大喜びしました。そして、

「そなたのことば、まことに朕の心に叶っている」

と言って、二人の異母弟であるウヂノワキイラツコを太子にしたのでした。

毒親に育てられた子の「ずるさ」

このくだりを初めて読んだ時、妙な気持ち悪さを感じたものです。

それは今思うと、応神のずるさと親としての冷酷さ、それを受けた仁徳の要領の良さというか、自分の気持ち度外視で親の意を汲むやり方に、違和感を覚えたのです。

忖度《そんたく》って、千五百年以上も前からあったんですね。

仁徳は、まさに父の顔〝色〟をうかがって、その意を汲んでいる。

『古事記』による

❖系図2　応神天皇と三皇子

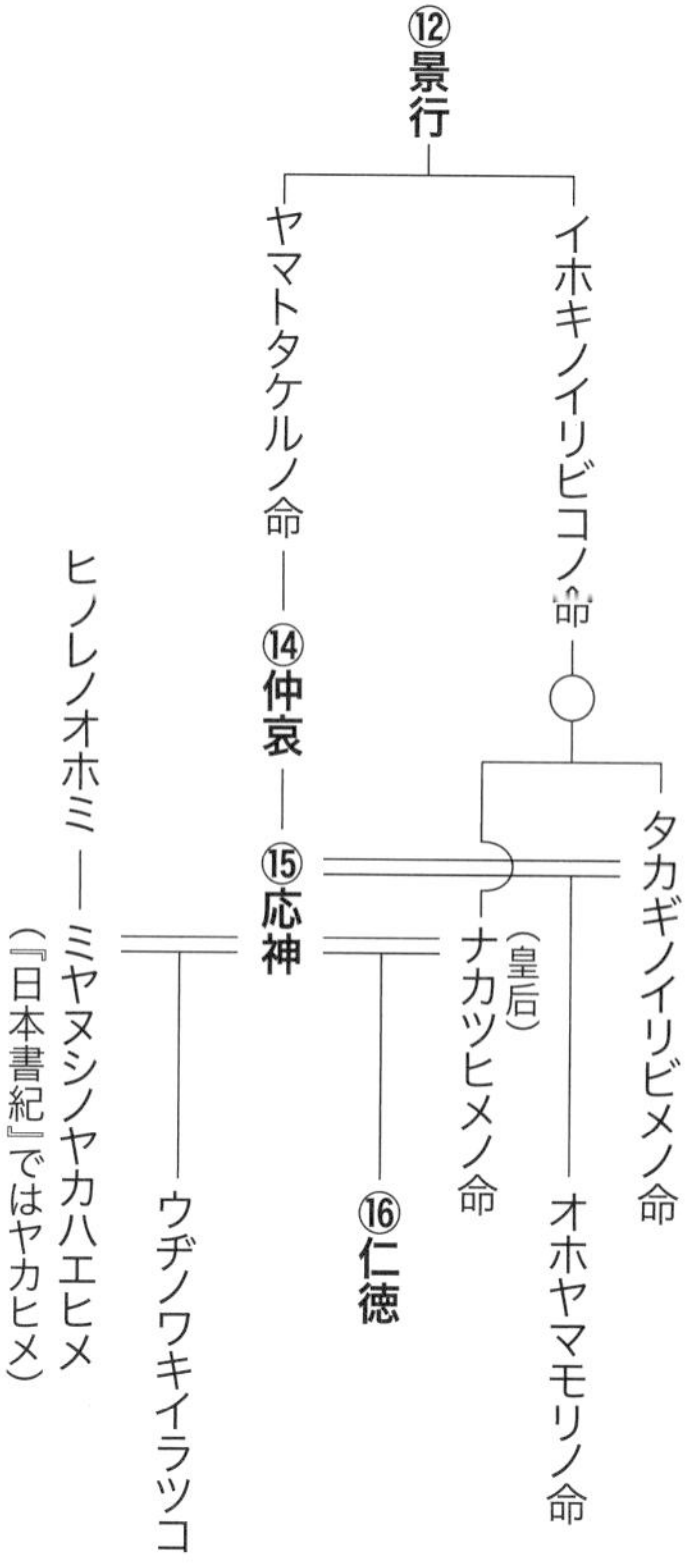

※丸囲み数字は天皇の即位順を示す。

そして父の応神ははじめから心は決まっていた。「下の子が可愛い、だから下の子に皇位を譲りたい」と。なのに、それを自分では言わず、子に言わせようとして、「お前たちは子を可愛がっているか?」などという質問形で入り、自分の意に添う答えを待っていた。

ところが、察しの悪い上の子のオホヤマモリはバカ正直に「上の子が可愛い」などと答えた。一方、登場人物の中では真ん中っ子にあたる仁徳は察しが良い。その察しの良さに助けられ、父の応神は自分に都合のいい方向に話を持っていった。

なぜはじめから「下の子のウヂノワキイラツコに跡目を譲りたい」と、ズバッと言えないのか。神話作者は言わせないのか。

一つには、それだけ応神の意中とするウヂノワキイラツコの即位の正統性が低く、兄にあたるオホヤマモリや仁徳が納得しないと考えたからでしょう。

〈系図2〉を見てください。

オホヤマモリの母は、皇后より前に応神の妃となっていたタカギノイリビメノ命です。タカギノイリビメは景行天皇の曾孫です。仁徳の母は、このタカギノイリビメの妹のナカツヒメノ命で、同じく景行天皇の曾孫の上、皇后でした。

一方の下の子ウヂノワキイラツコの母は、和珥臣《わにのおみ》の祖であるヒフレノオホミの娘のミヤヌシノヤカハエヒメ（『日本書紀』ではヤカヒメ）。和珥氏（当時は氏はなく、大和の和珥一帯の豪族といった意味）は名族ではあるものの、二人の兄より母方の格は低い。

こんなことからウヂノワキイラツコを太子にするには相当無理がある……と応神は考えたのかもしれません。

とはいえ、古代は末子相続説もあるくらいだし、そもそも神功皇后は実在を疑われ、その子どもである応神天皇の事績にしても鵜呑みにはできないと言われています。

すべては日本神話編著者の創作の可能性もあり……なわけで、ならばダイレクトに「朕はウヂノワキイラツコに皇位を譲りたいのじゃ」と言わせても良かったんじゃないか。それをさせずに、上の子たちに質問をして、彼らに答えさせるというような他の天皇には見られない言動を、なぜ神話の編著者は他の天皇でなく、よりによって応神にさせたのでしょう。

それは、彼が神功皇后の子だったからではないか。

神功皇后のような母に育てられた子は、応神のようなタイプになるということを、古代人が知っていたからではないでしょうか。

強い母・神功皇后に忖度し続けた結果、自身も子どもに意識的・無意識的を問わず、忖度を求めるような人間になる。気弱さと、一種のずるさを持つようになる、と。

「ずるさ」ということばが悪ければ、「自己防衛本能」と言い換えることもできます。

そうしなくては、自分を守れない。自分が傷つかないようにしているのです。小さいころから、「あなたは何がいいの？」と母に聞かれながら、いざ選ぶと、「ママはこれがいいと思うの」と言われ続けた子は、自分が否定される痛みを味わわないように、人に選ばせます。人に選ばせるようでいて、巧妙に意志を通すすべを学びます。形の上では人の意志を尊重しているから、人の反感も買わず、自分も嫌な思いをせずに済む……。

にしたって、なにも「上の子と下の子とどっちが可愛い？」などと質問して、答えさせなくても……という思いはぬぐえません。しかもそれを上の子に言うとは、上の子の気持ちなんてみじんも考えていないのです。

「下の子が可愛い」と言わされる羽目になった上の子らにしてみれば、面白いわけがありません。

応神死後、子どもたちに争いが起きるのは、あらゆる観点からみて当然なんです。

第二章　聖君伝説の陰に隠された「毒親」　仁徳天皇の真実

皇位継承を巡る兄弟間の争い

医者や教師、会社社長など立派な肩書きを持つ人、尊敬されている人の子が、ぐれたり、引きこもったり、最悪、親きょうだいを殺傷したりすることがあります。

二〇〇六年には、医師である父によって虐待的に勉強を強いられていた長男が、家に火を付けて継母と異母弟妹を殺した事件もありました。その根に父の存在があったことは言うまでもなく、毒親（と言うにはあまりにひどい親ではありますが）へ向かうはずの憎悪が弱い立場の親族や、毒親が愛情を注ぐ対象に向けられるというのも、ありがちなことです。

そこで思い起こされるのは、「聖帝」とか「賢王」と呼ばれる人の親子きょうだい関係です。

民のかまどに煙が立たぬのを見て課役を三年間やめた〝聖帝《ひじりのみかど》〟（『古事記』）として名高い仁徳天皇は、父・応神に対しても従順な孝子として描かれています。

下の子であるウヂノワキイラツコに皇位を譲りたいという父の意を汲んだ仁徳は、父の意図に合わせて「下の子が可愛い」と答え、ウヂノワキイラツコの皇位継承を認めました（→第一章）。

納得いかないのは年長の子であるオホヤマモリです。

彼は父の崩御後、その遺志に背いてさっそく弟のウヂノワキイラツコを殺そうと兵を準備します。ところが、そのことを仁徳がウヂノワキイラツコに告げたため、兄のオホヤマモリは返り討ちにあって殺されることとなります。

問題はそのあとです。

残されたウヂノワキイラツコと仁徳は皇位を譲り合い、『古事記』によればウヂノワキイラツコが先に崩御したため、『日本書紀』によれば自殺したため、仁徳が即位したというのですが……。

上の兄を殺してまで皇位を守ったウヂノワキイラツコが、下の兄の仁徳とは皇位を譲り合ってあっさり死んだというのはあまりに不自然です。

ウヂノワキイラツコは『播磨国風土記』では〝宇治天皇〟と記されている。朝廷が『古事記』『日本書紀』を編纂したのとほぼ同時期に編纂が命じられた『風土記』には、ヤマトタケルノ命や神功皇后も天皇と記されていて、歴代天皇が確定する以前の実態が反映されています。ウヂノワキイラツコは応神死後、皇位についたと見て間違いないでしょう。『古事記』にも彼は〝天津日継《あまつひつぎ》〟を受けた（皇位を継承した）とはっきり書かれています。

一方、『日本書紀』では父の死後も〝太子〟と記されていますが、父が死ねば太子は即位するのが普通です。現に『古事記』では父の死後、兄の仁徳が〝天の下《あめのした》〟をイラツコに譲ったとも書かれていて、この時点でイラツコは即位した可能性が高い。

一連の流れを考えれば、実は仁徳もはじめから皇位を狙っており、三兄弟の皇位継承争いに結果的に勝利した、あるいは実質的に皇位についていたウヂノワキイラツコを死に追いやったと見るのが自然ではないでしょうか。

聖君伝説ときょうだい殺し

〝聖帝〟仁徳のきょうだいで死んだのは、オホヤマモリとウヂノワキイラツコだけではありません。

仁徳は葛城地方に住む豪族のイハノヒメノ命を皇后にしていましたが、亡きウヂノワキイラツコの実の妹であるヤタノワカイラツメを妻に加え、イハノヒメの恨みと怒りを買っていました。それでも懲りずにさらにその妹のメドリノミコ（以下、メドリ）を娶《めと》ろうとして、異母弟のハヤブサワケノ命を使いに出します。

ところがメドリは、

「皇后が強いからといってヤタノワカイラツメにまともな処遇をしていない人になど私はお仕えしたくありません。あなたの妻になります」

と宣言し、使いのハヤブサワケを選ぶのです。このあたり古代の女ですね。因幡の白ウサギで名高い大国主神《おほくにぬしのかみ》の神話でも、目の前の求婚者たちではなく、彼らの荷物持ちをさせられていた大国主神（当時はオホアナムヂノ神）を選んだのは女（ヤカミヒメ）のほうでした。その際の言い方も、

「私はあなたたちの言うことは聞きません。オホアナムヂと結婚します」

と、メドリとそっくり。

そんなふうにメドリは仁徳ではなく、使いとしてやって来たハヤブサワケを夫として選びます。仁徳はいつまで経っても戻らぬハヤブサワケに業を煮やし、しばらくして直接メドリのもとに出かけます。そして機織りをするメドリに、

「誰のために織っているの?」(〝女鳥の　我が大君の　織《お》ろす服《はた》　誰《た》が料《たね》ろかも〟)

と歌に乗せて問うと、

「空高く行くハヤブサワケのため」(〝高行《たかゆ》くや　速総別の　御《み》襲衣《おすひ》料《がね》〟)

と答えるではありませんか。

しかもメドリは、夫のハヤブサワケに謀反を勧める歌をうたいます(『日本書紀』ではハヤブサワケの舎人《とねり》らがうたっている)。

「ヒバリだって空を翔《かけ》るじゃない。ましてあなたは天空高く行くハヤブサワケ。スズメ(サザキ)なんて取ってしまいなさい」(〝雲雀は　天《あめ》に翔る　高行くや　速総別　雀《さざき》取らさね〟)

スズメ(サザキ)はもちろんオホサザキ、仁徳のことです。

これを聞いた仁徳は、二人を殺そうと考え、実行するのです。

ここから分かることは主として三つ。

一つ目は、当時は、即位したあとでも皇位を奪おうという謀反は起こり得るということです。ウヂノワキイラツコが即位していたとしても、兄・オホヤマモリや仁徳が謀反を企てるのは不自然ではありません。皇位といっても平安時代のような安定的なものではないのです。後世でいえば戦国武将の家督争いや天下取りのような感覚でしょう。

二つ目は、〝聖帝〟と呼ばれる仁徳は、間接的にではありますが兄・オホヤマモリを殺し、異母弟・ウヂノワキイラツコを死に追いやり、異母弟・ハヤブサワケと異母妹・メドリを殺したということです。〈系図〉からも分かるように、〝聖帝〟は合計四人の異母きょうだいを間接的・直接的に殺しています。

三つ目は、仁徳にとって同じ異母きょうだいの中でも、ウヂノワキイラツコの血筋が重要であったということ。

仁徳がヤタノワカイラツメやメドリといった、ウヂノワキイラツコの同母妹を二人まで妻にしようとしたのは、彼女らが新政権に必要だったからです。

古代の天皇は、姉妹をセットで妻にすることが多く、仁徳の父・応神も景行天皇の孫のホムダノマワカノミコの娘を三人も妻にしています。この一族と手を結ぶことが政権

『古事記』による

❖仁徳天皇ときょうだい系図

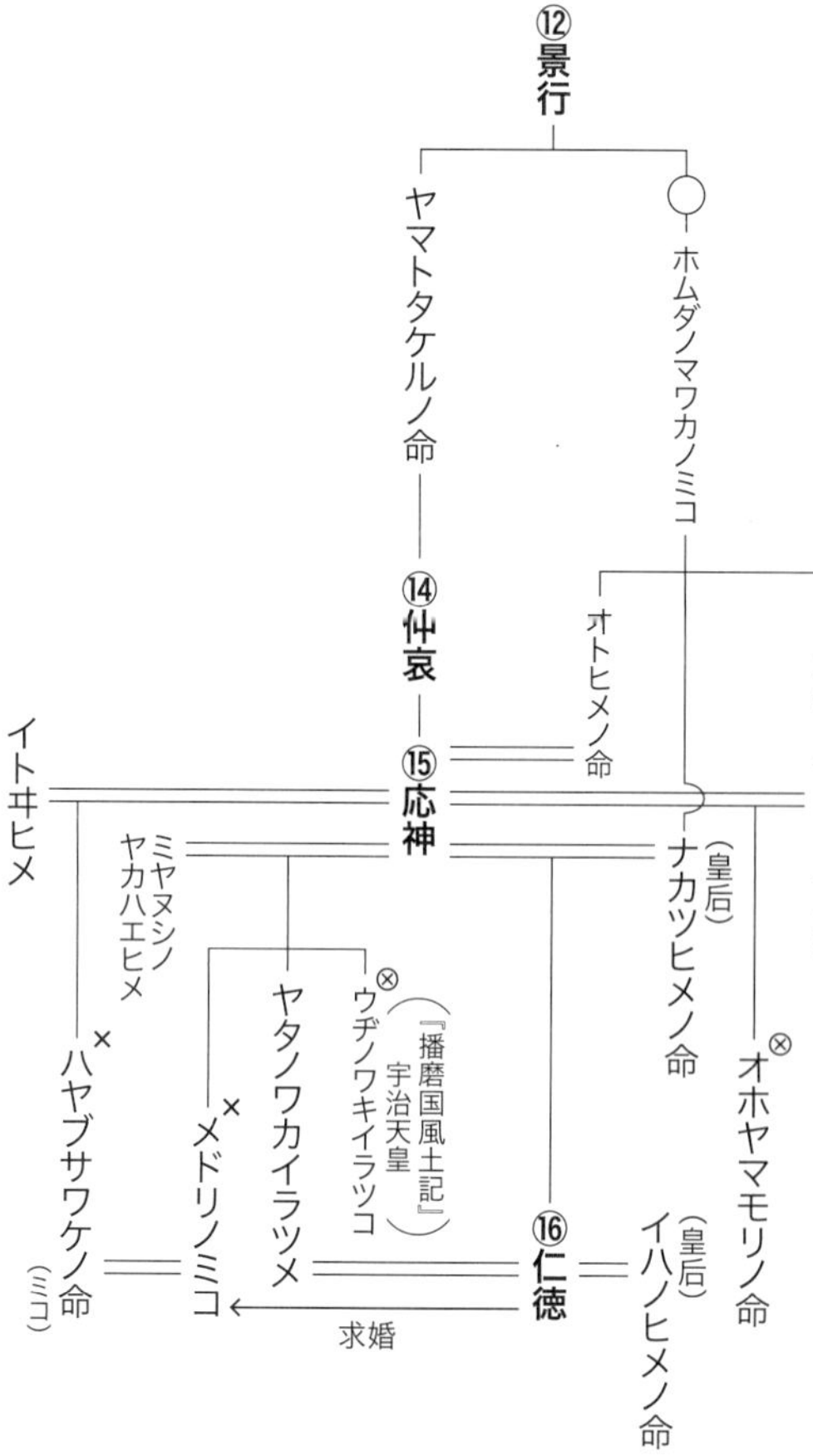

×は仁徳が殺した異母きょうだい
⊗は仁徳が間接的に殺した異母きょうだい
※丸囲み数字は天皇の即位順を示す。

維持に有益だったからでしょう。仁徳もまた、父・応神が天下を譲ったウヂノワキイラツコと同腹の妹と結婚することで、亡きウヂノワキイラツコ側の支持を取りつけ、政権を安定させようとした、と私は考えます。

ところがメドリは仁徳を拒み、ハヤブサワケを選んだ。

これは、仁徳にとって大きなダメージです。ウヂノワキイラツコと同腹のメドリの裏切りは、政権がひっくり返る事態に発展しかねない。仁徳がハヤブサワケだけでなく、メドリをも殺さねばならなかったのは、その影響力がハヤブサワケの比ではなかったからでしょう。

メドリがハヤブサワケに「スズメ（仁徳）なんて取ってしまいなさい」と上から目線で謀反を勧めたのも、メドリのほうがハヤブサワケより王権に近い位置にいるから。応神に正式に皇位継承者に指名されたウヂノワキイラツコの同母妹のメドリには、それだけのパワーがあったわけです。

そして、こうしたきょうだいたちの争いの根には、皇位継承の法則が確立していない当時の日本の状況に加え、身分や長幼を無視して下の子ばかり可愛がる父・応神の偏愛があった――と、考えるのです。

女たちの思い

話を戻して、メドリの立場で考えてみましょう。『日本書紀』によれば〝皇后《きさき》、体《みみ》は天子《みかど》に同じ〟（安閑天皇元年七月一日条）といい、古代、皇后は天皇と同等の地位でした。メドリにしてみれば、仁徳が、メドリと同じくウヂノワキイラツコの同母妹であるヤタノワカイラツメを差し置いて、イハノヒメを皇后にしていたことは、許しがたい屈辱だったでしょう。もしもヤタノワカイラツメが皇后であれば、ウヂノワキイラツコと母を同じくする一族が天皇と同等の権力を持てる。けれど現状は違う。自分が仁徳の妻になっても、イハノヒメの下位に甘んじるという同じ屈辱的な待遇を受けるだけ。ならばハヤブサワケを利用して、政権を取り戻そう。

そんなふうに考えたのではないでしょうか。

一方、イハノヒメの立場になってみましょう。仁徳の皇后のイハノヒメは『古事記』では嫉妬深い女性とされていますが、『日本書紀』にはそうした記述はありません。そして『古事記』『日本書紀』に共通しているのは、夫がヤタノワカイラツメを愛した時、恨み怒って公務を投げ出し、家出したことです。それはひとえにヤタノワカイラツメの血筋が特別で、皇后の地位を脅かされる、もっと言えば別の系統に王権をさらわれるのでは——という恐怖があったからではないか。

葛城出身のイハノヒメは四人の皇子を生み、そのうち三人が即位しています。が、ヤタノワカイラツメが皇后になって皇子でも生めば、そちらに皇統が移りかねない。イハノヒメのヤタノワカイラツメへの怒りは、嫉妬の気持ちもさることながら、そうした危機意識によってふくらんでいるように思います。

けれど、イハノヒメにとっては幸いなことに、ヤタノワカイラツメは子を生みませんでした。

彼女の同母妹のメドリも、仁徳の妻になるのを拒み、ハヤブサワケに謀反を勧めたために夫もろとも殺されてしまった……。

そのおかげ……と言っては語弊があるかもしれませんが、イハノヒメの血筋はそのまま皇統に流れ続けます。武烈で皇統が途絶え、仁徳の父・応神の五世の孫にあたる継体に皇統が移るとはいえ、継体以下、三代にわたる天皇たちは、イハノヒメには曾孫に当たる仁賢の娘たちを皇后にすることで、新政権を強化します。イハノヒメの血はそこに注ぎ込まれ、栄華は続いていくわけです。

第三章　「成り上がり」と「落ちぶれ」が生む毒親　楊氏と武則天

急な階級移動が毒親を作る

毒親や毒親育ちを生む温床に「落ちぶれ」がある――と、かねがね感じていました。

正確に言えば、祖父母や両親、もしくは親族などから、「うちの家系がいかに昔は栄えていたか、それが今はこんなに落ちぶれて」といった情報を繰り返し聞かされることで、その人は意識的・無意識的にかかわらず、「なんとかして自分の代で盛り返そう」という強い使命感を持つようになるのです。

こんなふうに思わされる時点で大変なプレッシャーで、周囲の親族たちは「毒」になっている。そうした毒にさらされたその人自身も、子を持つと、同じようなプレッシャーをかけるのです。こうした例を私はいくつも見ています。年を経て、思い通りにいかず、そのプレッシャーに耐えきれなくなった人が、自殺的な死を遂げたり、「親を殺したい」と思わぬまでも、恨んだり憎悪したりするわけです。

が、エリオット・レイトンの『親を殺した子供たち』（木村博江訳）によると、子どもによる家族殺人が起きるのは、「急激な凋落ぶり」を経た家庭だけでなく、「にわか成金」と呼ばれるような家庭も少なくないといいます。そして、「その階級の変動から生じた不安が、人種差別や性差別をうながし、非行少年を生むなど、さまざまなかたちをとってあらわれることも、数多くの研究で実証されている」のだと、レイトン氏は言います。

成り上がるにせよ落ちぶれるにせよ、激しい階級移動というのは物凄いストレスを人にもたらすのです。

そしてレイトン氏によれば、家族殺人が起きる家には共通項があって、それは、

「上昇指向の強い中流階級で起こる傾向が強い」

ということ。急激な凋落を経験した親は何とか昔に戻りたいと上を目指し、「にわか成金」は激しい上昇指向があればこそ現在があるものの、上流階級には下に見られ、欲求不満がたまっていく。さらにここに親が「支配的」という条件が加わって、階級移動のストレスに苛まれる彼らは子どもに依存して、

「自分の欲求達成の手段として子供を利用するようになる。こうした家庭では子供が選択肢を奪われ、両親の支配から逃れられないところまで追いつめられる。そして暴力や虚偽が家族文化のなかで容認された場合――個人の問題解決手段として暴力が大っぴらに使われはじめた場合――家族殺人の可能性をはらんだ環境ができあがる」（レイトン氏前掲書）

肉体的・精神的虐待によって、逃げ場をなくした子どもは、家族殺人に走るというわけです。

この本が日本で出版されたのは一九九七年。

スーザン・フォワードの『毒になる親』が日本で翻訳されたのがその二年後ですから、この本には毒親という語はないものの、子どもたちに殺された親がいかに支配的で、子どもを追いつめていくかに筆が割かれています。もちろん毒親育ちのすべてが家族殺人を犯すわけではなく、むしろ極めて少数なのですが、家族殺人を犯した子どものすべてがハードな毒親育ち、とは言えるわけです。

「階級的な変動の激しさ」が毒親・毒親育ちを生むという観点を得ると、なるほどこれは……と思える親子が歴史上にはたくさんいます。この人、毒親だよな……と思って、生い立ちを調べると、激しい階級移動が隠れている。

戦国時代に毒親が多いのもうなずけます。戦国時代ほど階級移動の激しい時代はないですからね。とりわけ武士階級に親殺し・子殺しが多いのは、「暴力」がレイトン氏の言う「家族文化」になっていると考えれば合点がいきます。

階級移動というのは人間にとってそれほどまでにストレスであり、悔しさや怒りや恨みの感情を発生させる。実は大した家柄ではないとしても、親や祖父母が「昔は凄かった」と繰り返し子どもに伝えるのは、現状への不満からなんでしょうが、子どもは素直に受け止めますから、「自分が何とかしないと……」と無意識のうちに思ったり、「自分はひととは違う人間なんだ」という特権意識を持ったりする。しかし現状はどうかと言えば、ふがいなかったりする。それで欲求不満を覚えるという、親の欲求不満が感染したような状態になるわけです。

そういう意味では、この章で紹介する人も、母親に「昔は良かった」「ママの先祖はそれはそれは高貴でね……あなたにはその血が流れているのよ」と、さんざん言われたあげく、頑張ったのではないか。ふつうの人ならそんなふうに洗脳されても、良くてそそこそこ、悪くて挫折してストレスで命を縮めたり、親を恨んだり、そこに暴力が絡めば親殺しに走ったりすると思うんですが……彼女の場合、度外れた能力の持ち主であったため、親の期待――この手の親は、子がどんなに頑張っても満足しなかったりするものなのですが――をはるかに上回り、世界史上でもまれな女傑となった。

それが、則天武后（六二三?〜七〇五）だと思うんです。

落ちぶれママと成り上がりパパを持つ武則天

則天武后とは高宗の皇后の地位を重視した呼び方で、皇帝としての彼女を評価しようとする最近の中国では「武則天の呼称でよばれることが広まった」（氣賀澤保規『則天武后』）そうなので、ここでは武則天と呼ぶことにします。また、彼女はその時どきの地位により呼び名も変わりますが、武則天で統一します。

この武則天が、中国史上、唯一の女性皇帝であるのは有名な話です。

彼女の治世下は安定していて、人材登用も盛ん。父母の服喪も統一するなど男女平等を目指し、州ごとに大雲寺（大雲経寺）を設置して仏教の普及に力を入れるなど、その功績が最近では評価される傾向にあります（氣賀澤氏前掲書）。

とはいえ、武則天といえば、権勢のためには、邪魔になった夫の妻たちや政敵ばかりか、子や親族まで殺した悪女として長年、貶められてきました〈系図〉。

話の出所は、中国の歴史書『資治通鑑《しじつがん》』（一〇八四年）。それによると、皇后になりたいがために、生まれたばかりの我が子を殺したと言われます。

皇后の座を狙っていた武則天は、当時、皇后だった王氏が出産の見舞いに来た直後、我が子を殺すことで、王皇后にその罪をなすりつけたというのです。『資治通鑑』の成立は武則天の死後三百年以上経っているし、私はあやしい気がしますが、彼女はその後も実子をはじめとする多くの親族を殺したと伝えられ、『資治通鑑』によると「自分の血筋につながる人だけでも二十三人を殺している」（今泉恂之介『追跡・則天武后』）。

でも。

こうした残虐行為のほとんどは『資治通鑑』の伝えるもので、正史の『旧唐書《くとうじょ》』（九四五年）にはない話が多いことからして、悪意に満ちた男目線の創作ではないかというのが私の考えです。

伝えられる武則天の悪行の多くは、桀《けつ》・紂《ちゅう》や日本の武烈天皇のように、王朝を途絶え

❖武則天系図

『則天武后』（氣賀澤保規）等による

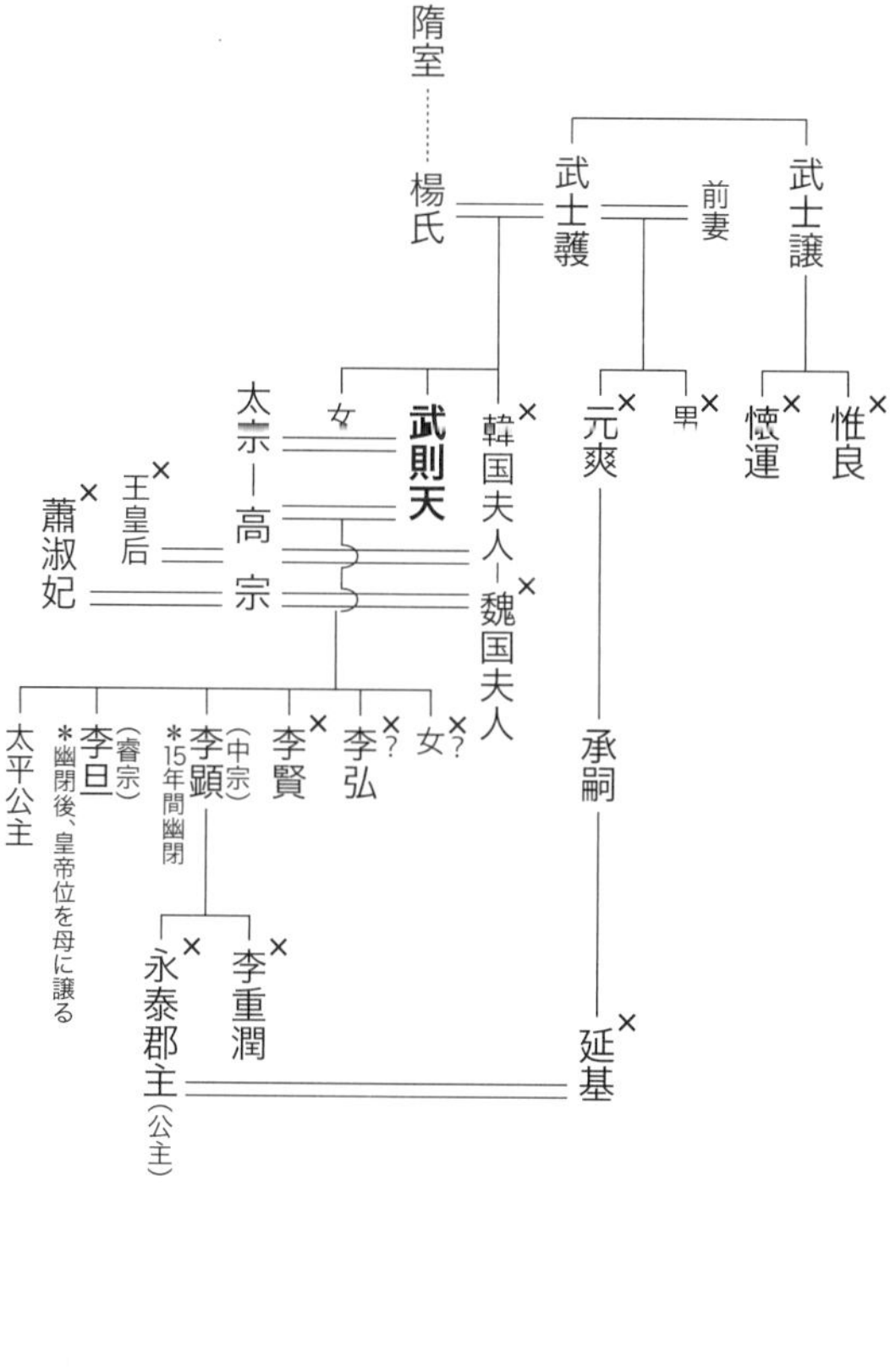

×は武則天に殺されたり、死に追いやられたりした者

させた王は妊婦の腹を割くなど、暴君として描かれるのと同じようなものではないか。そこに男尊女卑の思想が加わって、権勢のためには乳児を殺すだの、巨根好きだのといった貶めが加味されたのではと思うのです。

だとしても、すでにいる皇后を廃して自らが立つとか、三男の李顕を十五年も幽閉したというのは『旧唐書』にも伝えられる史実で、彼女が度外れた権勢欲と激しい性格の持ち主であることは確かでしょう。


こうした激しい性格は、そのつらい生い立ちが関係していると言われます。

武則天の母の楊氏《ようし》は四十過ぎの高齢で武氏の後妻となって娘を三人生みました。夫にはすでに成人に近い年齢の先妻腹の息子たちがいましたが、「彼らはいっしょになって、陰に陽にこの楊氏たちを邪険にあつかった」といい、結婚十五年目に夫が死ぬと、とくに勝ち気な次女の武則天が「とりわけきついいじめを加えられた」(氣賀澤氏前掲書)。

なぜ、そんなにも、武則天の異母兄たちは継母に当たる楊氏や、彼女の生んだ異母妹たちにつらく当たったのでしょう。

異母兄たちのいじめの原因は、後妻である楊氏との甚だしい身分差にあります。

「隋室の流れをくむ楊氏と、山西の田舎に出た彼らとでは、家柄において天と地ほどの差がある。日ごろそれを鼻にかけ、お高くとまった楊氏を、彼らが面白く感じるはずはない」（同）

武則天の母の楊氏は名門の令嬢で、父の武氏は田舎者の成り上がりだったのです。落ちぶれた母と、成り上がりの父。

これって、家族殺人を犯す子どもの家庭としてレイトン氏の挙げていた条件が、一つの家に揃ってしまった、ということですよね？

究極の毒母・楊氏

武則天が親族を殺したのは、異母兄や父方の親族によるいじめはもちろん、レイトン氏の言う「急激な凋落」者と「にわか成金」を同時に両親に持つという、ストレスフルな生い立ちが大きく影響しているのではないか。

しかも成り上がりパパが落ちぶれママのプライドを満足させていたならともかく、早死にした上、自分より出身階級の低い夫の親族たちにいじめられたとなれば、ママの怨念はいかばかりか。

十四歳（以下、氣賀澤氏の六二三年出生説による。他に六二四年説、六二五年説もある）で太宗の後宮に入ることになった武則天には、「これを機に、陰湿な異母兄たちのいじめから離れられる、そして逆転した立場で見返してやれるかもしれない、そのような期待がはたらいていた」と氣賀澤氏は指摘していますが、彼女をそんな気持ちにさせたのは楊氏ママにほかならないでしょう。

その太宗も五十二歳で崩御してしまいます。二十七歳だった武則天はまだ子もない身。彼女はいったん尼になり、今度は太宗の息子の高宗と男女の関係になります。

その時期ははっきりしない点が多いといい、いきさつも不明のようですが、武則天にしてみれば再び権勢への野望が燃えさかったことは想像にかたくありません。

それ以上に、楊氏ママの期待は武則天に集約していったはずです。王氏というれっきとした皇后がいながら、武則天が皇后を目指すというような無茶をしたのも、母の入れ知恵があったのでは？　とさえ思ってしまいます。

楊氏は娘が王皇后の廃位を画策していた時、相談に乗り、娘のために何度も高官の長《ちょう》孫《そん》無《む》忌《き》の屋敷に赴き、働きかけていました（結局、無忌は言うことを聞かず、六五九年、左遷され自害させられる）。

のみならず、気に入らないことがあれば娘に告げ口もしています。

武則天が皇后となったあとのこと。一族が集まる宴会の席で、楊氏は彼らに、

「誰のおかげで出世できたと思うか」

と尋ねました。

楊氏としては娘のおかげという感謝のことばを期待しての発言で、子の功績を自分の手柄にする毒親の典型です。

が、甥の武惟良らの答えは彼女の意に反するものでした。分不相応な地位になったため、日夜、間違いを犯すのでは、とハラハラしている——と、ありがた迷惑と言わんばかりの態度だったのです。

腹を立てた楊氏ママはこれを娘に告げます。

怒った武則天はいとこの惟良や異母兄たちを左遷したり罪を着せたりして死に追いやってしまいました。

武則天以上に、ざまぁみろとほくそ笑む楊氏の顔が目に浮かぶではありませんか。

落ちぶれママであった楊氏は、娘に大きな期待をかけ、娘の手柄を我が物として自分の欲望を満たし、他人をコントロールしていました。

かなり危険レベルの高い毒親です。

普通であれば彼女のような親の子どもはつぶされるところで、それかあらぬか、長女は次女の武則天に殺され、三女は結婚後、子どももできぬうちに早世しており、三人娘のうち生き延びたのは武則天だけでした。

武則天の激しさの陰には、楊氏という落ちぶれママの怨念や恨み、悔しさや欲望があったことは間違いありません。しかも父は成り上がりという、階級移動のストレスを受けた親をダブルで持っているのですから、そりゃあ壮絶な人生になるのは無理もない……。

武則天は中国の人とはいえ、古代日本に——毒親日本史的な観点からしても——多大な影響を与えているので取り上げた次第です。

第四章　毒々しい母と虚弱な息子　　持統天皇と草壁皇子

武則天が即位した六九〇年、日本でも一人の女帝が誕生していました。

天智天皇（六二六～六七二）の皇女で、大海人皇子《おおあまのみこ》（?～六八六。のちの天武天皇）の妻だった鸕野讚良皇女《うののさららのひめみこ》（六四五～七〇二）こと、持統天皇です。

この持統がまた毒親……と言うにはスケールの大きな毒女でした。

夫の大海人皇子を助け、異母弟の大友皇子（六四八～六七二。明治期、弘文天皇と諡号。即位説もある）率いる近江朝廷を倒した（六七二年、壬申の乱）彼女は、夫が死ぬとただちに継子の大津皇子（六六三～六八六）を謀反の罪で死に追いやります。

大友も大津も、現存する日本最古の漢詩集『懐風藻《かいふうそう》』（七五一年）に、風采・度量共に並外れるとされる偉丈夫です。しかも大津の母は持統の亡き同母姉。もしも姉が生きていれば皇后になったのは姉だし、皇太子になったのは大津です。夫を天皇の地位につけ、腹を痛めた草壁皇子《くさかべのみこ》（六六二〜六八九）につなぎたい持統にとっては邪魔者です。大津の謀反も彼女の仕掛けたわなであるという説や（中西進『古代史で楽しむ万葉集』）、最近では、壬申の乱の首謀者も彼女だったという説もあります（倉本一宏『壬申の乱』）。

それもこれも一人息子の草壁を皇位につけたい一心からで、即位年齢が三十代から四十代であった当時、天武死後の政務は二十五歳の皇太子・草壁でなく、四十二歳の持統が皇后として称制（天皇の政務を代行）しました。その間、天皇は不在。大津の謀反と死はその時の出来事だったわけです。

ところが、そうまでして皇統を継がせたかった草壁は、彼女の意に反し、二十八歳で死んでしまうのです。六八六年に夫を亡くしてわずか三年後のことです。

クーデターで天皇となった父、その犠牲となった母

そんな持統もまた、成り上がり父と、見方によっては凋落母をダブルで持った娘でした。

彼女の父の天智天皇は、もとは〝中大兄《なかのおほえ》〟と呼ばれ（『日本書紀』では一貫して皇子がつきません）、同腹の中では長兄であったものの、聖徳太子の子の山背大兄王や、異母兄の古人大兄皇子と比べると、皇位継承の可能性は低かったのです。

〈系図1〉からも分かるように、山背大兄と古人大兄は蘇我蝦夷《そがのえみし》の妹の腹です。当時の蘇我の勢力はこの系図からもうかがえるところで、蝦夷のいとこに当たる推古天皇が、〃朕《われ》は蘇何《そが》より出《い》でたり〃（自分は蘇我から出ている）と言ったのは有名な話です（『日本書紀』推古天皇三十二年十月一日条）。

ところが六四三年、山背大兄は蘇我入鹿によって滅ぼされます。さらに六四五年六月、中大兄は皇極天皇がいる大極殿へ乱入し、時の権力者である蘇我入鹿を暗殺、その父・蝦夷を自殺に追い込むことで（乙巳《いっし》の変）、皇太子への道が開けたのでした。

古人大兄はこの時、皇極天皇に侍しており、しかも変から三カ月後、古人大兄の〃謀反〃を伝える『日本書紀』の注記には〃或本に云はく、古人太子といふ〃とあります（大化元年九月三日条）。「古人皇子が皇太子であったことは他にみえないが」「舒明天皇の皇子で年長者でもあったから、皇太子と目された伝えがあっても不思議ではない」（新編日本古典文学全集『日本書紀』三　頭注）といい、乙巳の変の直前、古人大兄は皇太子であった可能性が高いのです。そんな彼を中大兄は謀反の罪で殺してしまうのですから、理不尽なことこの上ありません。

❖系図1　蘇我氏と持統天皇

『日本書紀』『藤氏家伝』による

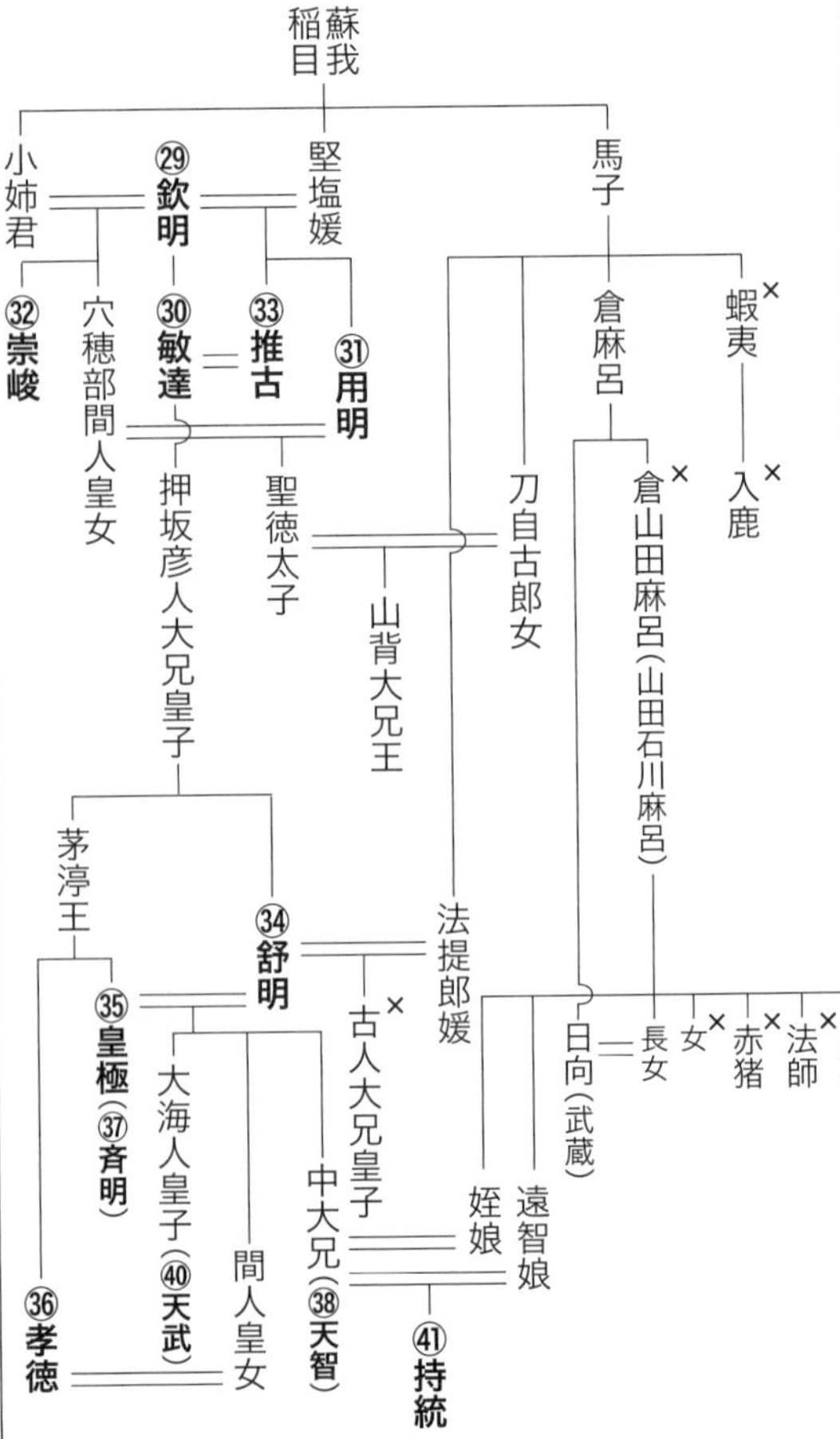

×は中大兄に殺されたり、死に追いやられたりした者

※丸囲み数字は天皇の即位順を示す。

こうして、皇極後に即位した皇極の弟の孝徳天皇と、続く斉明天皇（皇極天皇が再び即位＝重祚）のもと、中大兄は皇太子として世を治めます。

彼が六六八年まで即位しなかったのは歴史の謎と言われ、年齢からして乙巳の変後の即位は不可能にしても、斉明天皇が崩御した六六一年に即位しなかったことが、とくに疑問視されています。その時、中大兄は三十六歳。当時の常識からしても即位が可能な年齢であるにもかかわらず、即位しなかった理由については、諸説あって定まっていません。

一つ言えるのは、彼の立太子と即位にはかなりの無理と犠牲があったということです。その犠牲者の一人が、ほかならぬ彼の妻、持統の母の蘇我遠《そがのお》智娘《ちのいらつめ》でした。

持統の父の中大兄がクーデターによって皇太子となり、さらには天皇となった人であるのに対し、母の遠智娘は、当時、天皇以上の権勢を誇っていた蘇我の出身。自害した蝦夷は彼女の祖父の兄に当たります〈系図1〉。

しかも六四九年、彼女の父の蘇我倉山田麻呂大臣（山田石川麻呂。以下、麻呂）が、夫の中大兄によって無実の罪で死に追いやられたのです。

麻呂は蘇我氏打倒を目指す中臣鎌子（のちの藤原鎌足）の発案によって、中大兄と姻戚になっていました。同じ蘇我でも入鹿と不仲な、入鹿のいとこの麻呂の協力を得ようと鎌子は目論んだのです。しかし結婚寸前、麻呂の長女は麻呂の弟の武蔵（身刺。『日本書紀』では日向。以下、日向）に強奪されてしまいます（『藤氏家伝』鎌足伝）。代わりにその妹が中大兄の妻になるのですが……。

麻呂の協力により乙巳の変が実現した四年後、日向は兄・麻呂が謀反を企んでいると中大兄に密かに告げます。太子となっていた中大兄はそれを信じ、官軍に攻撃された麻呂は三男一女と共に自害。八人の妻子が殉死します。遠智娘の兄弟姉妹、母も含まれていたかもしれません。それだけでは済まず、官軍は麻呂の首を斬り、死体も斬刑となりました。自害だけならともかく、より重く屈辱的な形で処刑されたのです。

ところがこのあと麻呂の資財を没収したところ、良書の上には〝皇太子《ひつぎのみこ》の書《ふみ》〟、重宝《おもきたから》の上には〝皇太子の物《もの》〟と記されていた。

それを見た中大兄は麻呂の潔白を知り、日向を大宰府の長官に左遷しました。が、自分に協力的だった麻呂でなく、婚約者を奪った日向を信じるのもおかしな話で、これは通説通り、麻呂が邪魔になった中大兄の策謀でしょう。

中大兄の妃・遠智娘（『日本書紀』の当該箇所には〝造媛《みやつこひめ》〟とあり、別人説もある）

は心痛の余り、父を斬刑にした物部《もののべの》二田《ふつたの》造《みやつこ》塩《しお》の名を聞くことすら嫌がったため、近侍の者は〝塩〟を〝堅塩《きたし》〟という別名で呼ぶほどでした。それでも遠智娘の心は癒えず、

〝遂に傷心に因りて死《みう》するに致《いた》りぬ〟

という事態になってしまう。

皇太子はそれをひどく哀しんだ、と『日本書紀』には記されています。

当時、持統は数えで五歳。

父のせいで母方祖父が無実の罪で殺された上、そのショックで母までが死に、それを父が嘆き悲しむという惨状の中で育ったのでした。武則天の毒ぶりがつらい生い立ちと関係していたように、持統もトラウマものの少女時代を送ったわけです。

毒親育ち？　草壁皇子の早逝

そんな持統は、一人息子の草壁に大きな期待を寄せていたものの、先に触れたように草壁は、六八九年、二十八歳の若さで死んでしまいます。

死因は不明で、『日本書紀』の死亡記事も、

「十三日に、皇太子草壁皇子尊が薨去された」（持統天皇三年四月十三日条）

と、実にあっさりしたものです。

これは、謀反人であるにもかかわらず、大津皇子の死亡記事が、「立ち居振る舞いは気高く、弁舌爽やか。（伯父であり母方祖父でもある）天智天皇に愛された。成人すると分別に富み、学識に優れ、とくに文筆を好まれた。詩賦《しふ》の興隆は大津から始まった」（朱鳥元年十月三日条）

と、容姿人格の素晴らしさや功績が記されているのと対照的です。

現政権に有利なことが描かれているはずの『日本書紀』でさえこの調子です。漢詩集の『懐風藻』でも大津は伝記に加え、四首の漢詩が収められるのに対し（大友も伝記と二首所収）、草壁は採るべき漢詩もなかったのか、一つもありません。

『万葉集』（七七一年ころ）には、草壁の死を悼む柿本人麻呂や舎人らの歌が収められてはいるものの、人麻呂の歌は皇子が天下を治めていたら花のように繁栄していただろうといった、草壁の皇位の正統性を追認するようなおべんちゃら的なものだし、舎人らの歌二十三首は皇子不在の宮殿や庭の寂しさばかりで、草壁の人柄を伝える歌が見事なまでに一首もありません。ちなみに同じ人麻呂による挽歌でも、草壁死後、即位した持統のもとで太政大臣として政務を執っていた高市皇子《たけちのみこ》へのそれは、高市の勇ましさや功績が連ねられています。

要するに、草壁には特筆すべき長所も功績も何一つとしてなかったのです。二十八という享年の若さはあるものの、それを言うなら大友は二十五、大津は二十四の若さでした。

唯一、草壁の横顔を彷彿させるのは『万葉集』に収められた草壁自身の和歌です。歌は、石川郎女《いしかわのいらつめ》を巡る大津との三角関係の状況下で詠まれています。大津皇子と石川郎女は相思相愛で、大津が、

「あなたを待って立ち続け、山のしずくに濡れてしまった、山のしずくに」（〝あしひきの　山のしずくに　妹《いも》待つと　我《われ》立ち濡れぬ　山のしずくに〟）（巻第二・一〇七）

と詠むと、郎女は、

「私を待って、あなたが濡れた山のしずくに、なれたらいいのに」（〝我《あ》を待つと　君が濡れけむ　あしひきの　山のしずくに　ならましものを〟）（巻第二・一〇八）

と答えるほどラブラブなのに対し、草壁皇子の歌（〝大名児《おほなこ》を　彼方野辺《をちかたのへ》に　刈る草《かや》の　束《つか》の間《あひだ》も　我忘れめや〟巻第二・一一〇）には郎女は返歌をしなかったのか、歌は残されていません。

性＝政であった古代、政治闘争は三角関係によって表されることが多いものです。これらの歌も大津と草壁が政敵であるため、このように配列・構成されたものかもしれません。つまり、別の時期に詠まれたものを、三角関係が浮き彫りになるように配列した可能性も有り？　とは思うものの、歌も大津が上なら、女の心をつかんでいるのも大津。草壁が早死にしたのは、能力がないにもかかわらず、皇位継承の重荷を負わされ、母・持統の毒に当てられたから……そんなふうに思われるのです〈系図2〉。

吉野の盟約という脅し

持統が毒親であると思うのは、継子の大津を死に追いやったり、凡庸な我が子・草壁を皇位につけようとしたり……というだけでなく、子や孫へのコントロールの強さゆえです。スーザン・フォワードの『毒になる親』によれば、毒親の特徴は子への強いコントロールが持続することにあり、持統にもそのにおいを感じます。

即位年齢が、若くて三十歳頃だった当時、年少の子や孫をバックアップするのは当然と思われるかもしれません。

けれど、持統以前の天皇（大王）は、子や孫がその年に満たなければ、兄弟や正妻

『日本書紀』『続日本紀』『万葉集』による

❖系図2　「吉野の盟約」と皇子たち

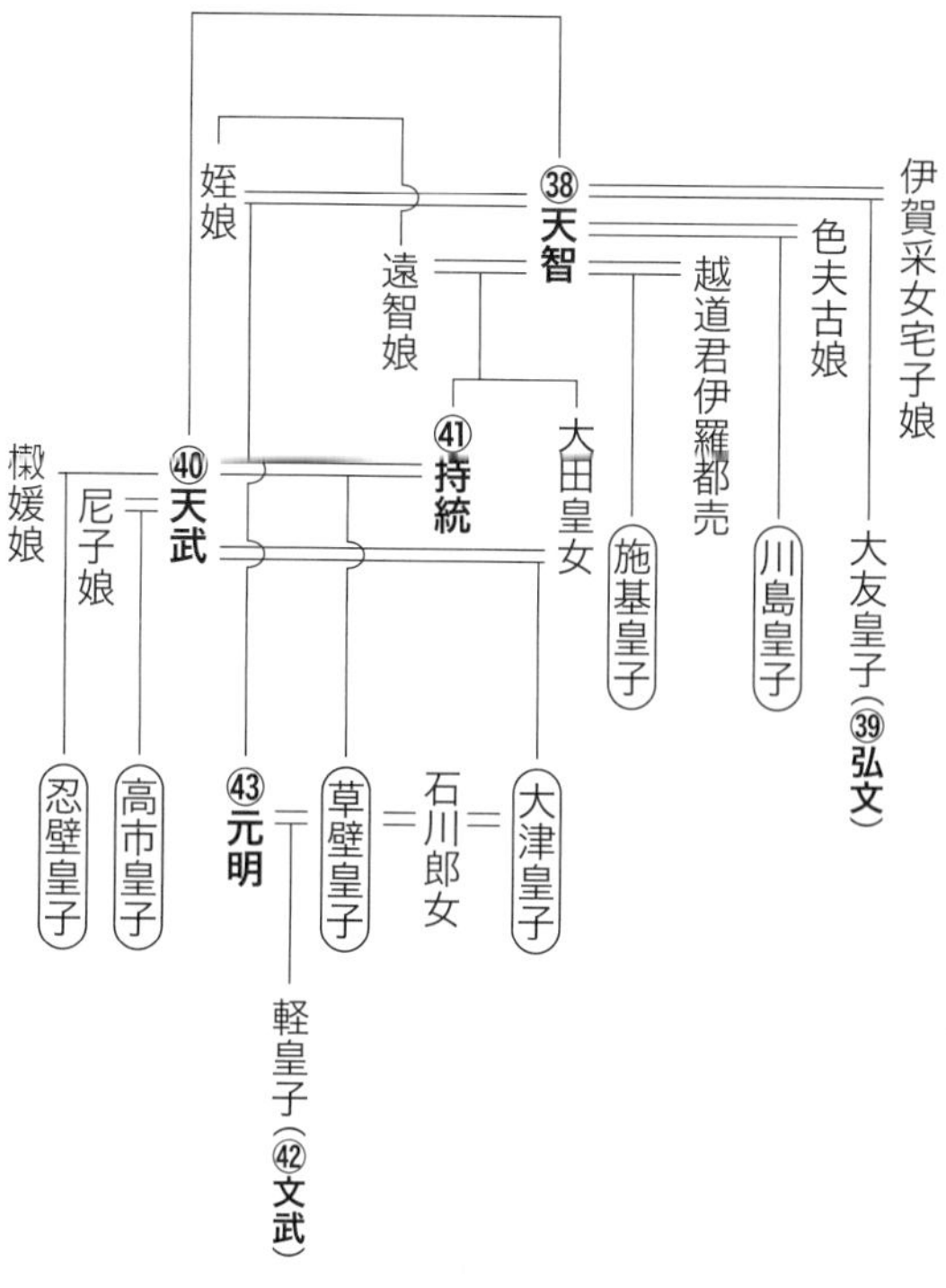

⬭は吉野の盟約を誓わされた皇子
※丸囲み数字は天皇の即位順を示す。

（皇后）に皇統を相続させるなどし、我が子や孫に無理につなぐことはしなかった。それを持統は、草壁死後は皇太子を定めず、継子の高市皇子を太政大臣にして実務を執らせます。そして六年後、高市皇子が死ぬと、天武の遺児たちが残る中、即位の根拠の薄い孫の軽皇子《かるのみこ》（六八三～七〇七。のちの文武天皇）を十五歳という異例の若さで即位させるべく生前譲位するのです。

即位の根拠が薄いというのは、軽の父・草壁が即位しないまま死んでいるから。この時の紛糾ぶりについては『懐風藻』に詳しく、持統は〝皇太后〟と記されることなどから、実は即位はしておらず、高市皇子が天皇だったという説もあるほどです。一般的には、高市皇子は「天皇大権の代行者としての身分が考えられる」（新編日本古典文学全集『日本書紀』三　頭注）とされています。

こうして孫を即位させて退位した持統は、もともとは退位した天皇の称号に過ぎなかった太上天皇が、天皇と同等の地位を持つことを律令に規定、自身も力を得ることで天皇をバックアップします。生前譲位はやはり女帝の皇極が同母弟の孝徳に譲位した先例があるものの、これは乙巳の変という非常事態があってのことで、太上天皇による執政は持統が初めて。それもこれも自分の血を引く子孫に、自分の目の黒いうちに皇統をつなぎたい一心からです。

　その器量もないのに期待をかけられる子や孫にすれば重荷ですし、未熟な天皇を熟練の太上天皇が後見するという先例は、天皇権力の形骸化につながります。実際、藤原不比等の協力を得た持統以後、天皇家の外戚として藤原氏は権勢を増すことになります。が、そうした犠牲を払ってもなお草壁の血を継ぐ孫に皇統をつなげたかったのです。あるいは持統自身が権勢を握りたかったという可能性もあるでしょう。百人一首にも採られた持統の、

〝春過ぎて　夏来たるらし　白たへの　衣干したり　天の香具山〟（『万葉集』巻第一・二十八。百人一首では〝夏来にけらし〟〝衣ほすてふ〟と伝聞形になっている）

は、そんな持統の強い権勢欲の現れではないかと私は見ています。

『日本書紀』には、東征した初代神武天皇が、すでに支配者のいた大和を攻めあぐねていた時、夢の告げに従って香具山の土を盗み、その土で土器八十枚を作って敵を呪詛したところ、大和を制覇できたとあります（神武天皇即位前紀）。香具山の土は大和国そのものを象徴する。この香具山が見える位置というのは、夫・天武といった吉野や飛鳥浄御原宮などではなく、自身が遷都した藤原宮からでしかあり得ません。つまりこの歌は、

持統が藤原京から香具山を眺め、「私の香具山、私の国が見える」と、やっと自分のものになった国を眺めて満足している歌であるというのが私の解釈です。

そんな権勢欲の強い彼女の毒ぶりを思わせる一つに「吉野の盟約」があります。

吉野の盟約とは、壬申の乱から七年後の六七九年五月、天武と、その即位と共に皇后になった持統が、持統腹の草壁、草壁と腹違いの大津、高市、忍壁《おさかべ》と、持統の父である天智の子の川島（河島）、施基《しき》（芝基）の計六皇子を吉野宮に集め、異腹・同腹を問わず結束することを誓わせた盟約です〈系図2〉。

この文言がなかなかに恐ろしいのです。

「天つ神と国つ神と天皇よ、お聞き下さい。我々兄弟、長幼合わせて十人余りの王は、おのおの別の母の腹から生まれました。けれど同腹・異腹を問わず、共に天皇のおことばに従い、助け合って、逆らいません。もしも今後、この盟約に背けば、命を失い、子孫は絶えるでしょう。忘れません。違反しません」（『日本書紀』天武天皇八年五月六日条）

これを草壁から順に、他の五皇子も次々誓わされるんですから、はっきり言って脅しにしか見えない。

とくに「この盟約に背けば、命を失い、子孫は絶えるでしょう」というくだりが怖い。

私が大学で習った中世の起請文《きしょうもん》（神前での誓い事）なんかも、「この誓いに背けば、白癩《びゃくらい》・黒癩《こくらい》の病に冒されるであろう」といった神罰が末尾に記されるのが常で、誓いというのは破った時の罰則がつきものです。つまりは脅しなんですが、吉野の盟約は日本での、この手の怖い誓いの最古の部類に入るんじゃないでしょうか。

もちろん、ここには、それまであいまいだった皇位継承の基準をはっきりさせることで、二度と壬申の乱のような大乱を起こすまいという強い決意がある。それまでは、兄弟相続と親子相続が併存し、親子相続にしても腹ごとに〝大兄〟と呼ばれる年長の候補者がいる上、豪族の合議が大きな力を持っていたため、皇位継承争いが絶えませんでした。それを草壁を代表者とすることで、父子相続で、かつ年齢よりも母の身分を重視するという方向性を示したわけです。

〝腹〟を強調しているのもこの誓いの特徴です。

前近代、とくに母系的な要素の強かった古代では、同じ父の子でも、どの母の子かによって地位や立場が違ってくる。腹が違えば他人同然、むしろ「父方の親族は王位を争ういわばライバル同士」で、「母方の親族こそが我がミウチ」（水谷千秋『謎の大王 継体天皇』）でした。

そんな中、草壁らは生まれた腹を問わず、結束することを誓わされた。天皇もまた、

「我が息子たちはそれぞれ別の腹から生まれている。けれどこれからは同母兄弟のように慈しもう」

と誓い、六人の皇子を抱きながら、

「もしこの誓いを破れば、たちどころに我が身は亡びよう」

と誓います。そして皇后もまた天皇と同様の誓いをするのです。


この誓いは間違いなく皇后（持統）の発案でしょう。

天武にとっては大津はもちろん、草壁や大津より劣り腹ながら、壬申の乱で活躍した第一皇子の高市も、我が子です。

草壁を筆頭にしてメリットがあるのは皇后ですし、『日本書紀』には壬申の乱も天武と皇后が〝与《とも》に謀《はかりこと》を定む〟（持統天皇称制前紀）とあることからして、また異様なまでに〝腹〟を強調していることからしても、すべては持統を中心に据えた誓いだったのでしょう。天武を含め、皇子たちはそのコントロール下にあったと思うのです。

第五章　鬱になった天皇妃　　藤原不比等と宮子

藤原氏出身で初めて天皇を生んだ宮子の悲劇

エリオット・レイトンの『親を殺した子供たち』によると、極端な階級移動は、「上昇するにせよ下降するにせよ」大きな不安を生み、差別や虐待につながることが、多くの研究で実証されています。

その伝でいくと、奈良時代の藤原氏などは急速な成り上がりを遂げたと言えますが……彼らは「にわか成金」では終わらず、一つ一つ地歩を固め、天皇家の外戚として長く盤石の地位を築くことになります。

その大きな最初の一歩が、六四五年の乙巳《いっし》の変です。この時、歴史上に彗星の如く現れた中臣鎌子（のちの藤原鎌足）は、中大兄とタッグを組むことで蘇我氏を凋落させ、皇太子の座を射止めた中大兄をバックアップすることで権力の中枢に近づきます。それでもなお、天皇家に娘を入内させるところまでには至らず、天皇だけが愛せるはずの采《うね》女《め》・安見児《やすみこ》を賜って（『万葉集』巻第二・九十五）、妻を通じたつながりを得たに過ぎませんでした。即位した中大兄（天智天皇）の皇后は、蘇我氏を母に持つ古人大兄皇子の娘・倭姫王《やまとひめのおおきみ》だったし、後宮で仕える嬪《みめ》は蘇我氏や阿倍氏でした。宮人《くうにん》（くにん、きゅうじん、とも）と呼ばれる下位の妻にも藤原氏は食い込むことはできなかったのです。

ちなみに当時の天皇妃のランクは、上から皇后↓妃↓夫人《ぶにん》↓嬪で、宮人はさらに下の位置づけです。

藤原氏が娘を天皇家に入内させられるようになったのは、天智の弟・天武の代になってから。

『日本書紀』の序列は、㈠皇后の鸕野讃良皇女（のちの持統天皇）、㈡彼女に先立ち妃となっていた姉の大田皇女（天武即位当時、故人）、㈢二人の異母姉妹で妃の大江皇女、㈣彼女らの異母姉妹で妃の新田部《にいたべ》皇女。

これら四人の天智皇女の下位の夫人として㈤に初めて鎌足の娘・氷上娘と、㈥その妹の五百重娘《いおえのいらつめ》が現れます。㈦は蘇我赤兄の娘・大蕤娘《おおいのいらつめ》で、同じく夫人。序列は臣下の筆頭で、蘇我氏の上になったのですから、大変な躍進と言えます〈系図1〉。

❖系図1　天智・天武の妻の序列

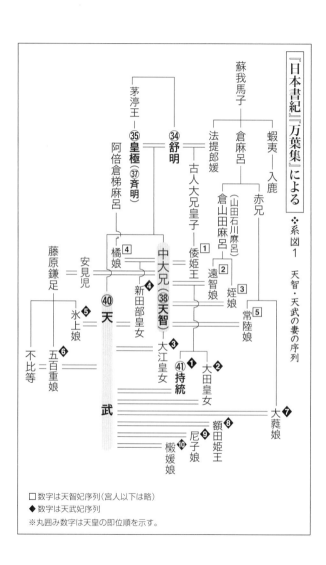

『日本書紀』『万葉集』による

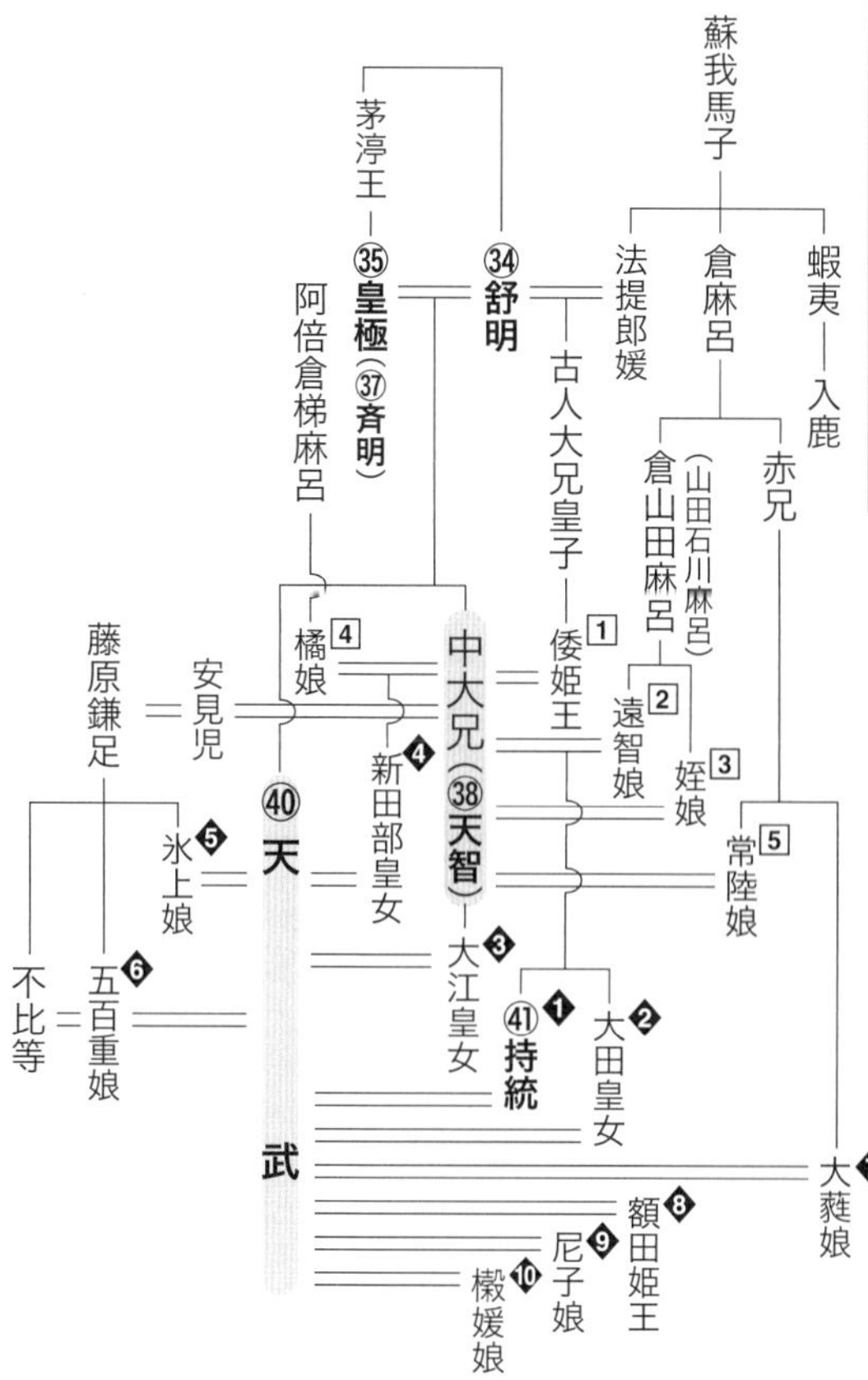

□数字は天智妃序列（宮人以下は略）

◆数字は天武妃序列

※丸囲み数字は天皇の即位順を示す。

こうして天武天皇に初めて娘を入内させることができた藤原氏ですが、生まれた皇子（新田部皇子）が即位するまでには至りません。藤原氏腹の皇子が即位するのは、持統の孫の文武の子・聖武天皇を待たねばなりません〈系図2〉。

そこに至る道のりも平坦ではなく、そもそも即位せぬまま死んでしまった草壁皇子の子の文武が即位することに無理があり、執政をしていた高市皇子の死後、次の皇太子を決める時、紛糾を極めたことは前章で触れました。

この時、大友皇子の子の葛野王が、兄弟相続ではなく子孫相続を主張したため、文武（当時は軽皇子）が皇太子になることが決まったのですが、天武の遺児も存命中の当時、文武の立太子や即位がすんなりとはいかなかったことを物語っています。

この文武に、鎌足の息子である不比等の娘・宮子（?～七五四）が入内します。

宮子の母は賀茂比売で、道成寺に残る伝説（『宮子姫伝記』）によると、宮子は紀伊国の漁村の生まれで、髪の美しさが都人の目にとまり、不比等の養女となって、後宮に入ったといいます。

そのあたりの真偽は不明ですが、この宮子の生んだ首皇子《おびとのみこ》こそ藤原氏腹初の皇太子となり、即位した聖武天皇です。平安中期くらいまでは、天皇家に入内するのすら厭う

❖系図2　藤原氏腹の天皇が生まれるまで

『日本書紀』『続日本紀』『懐風藻』による

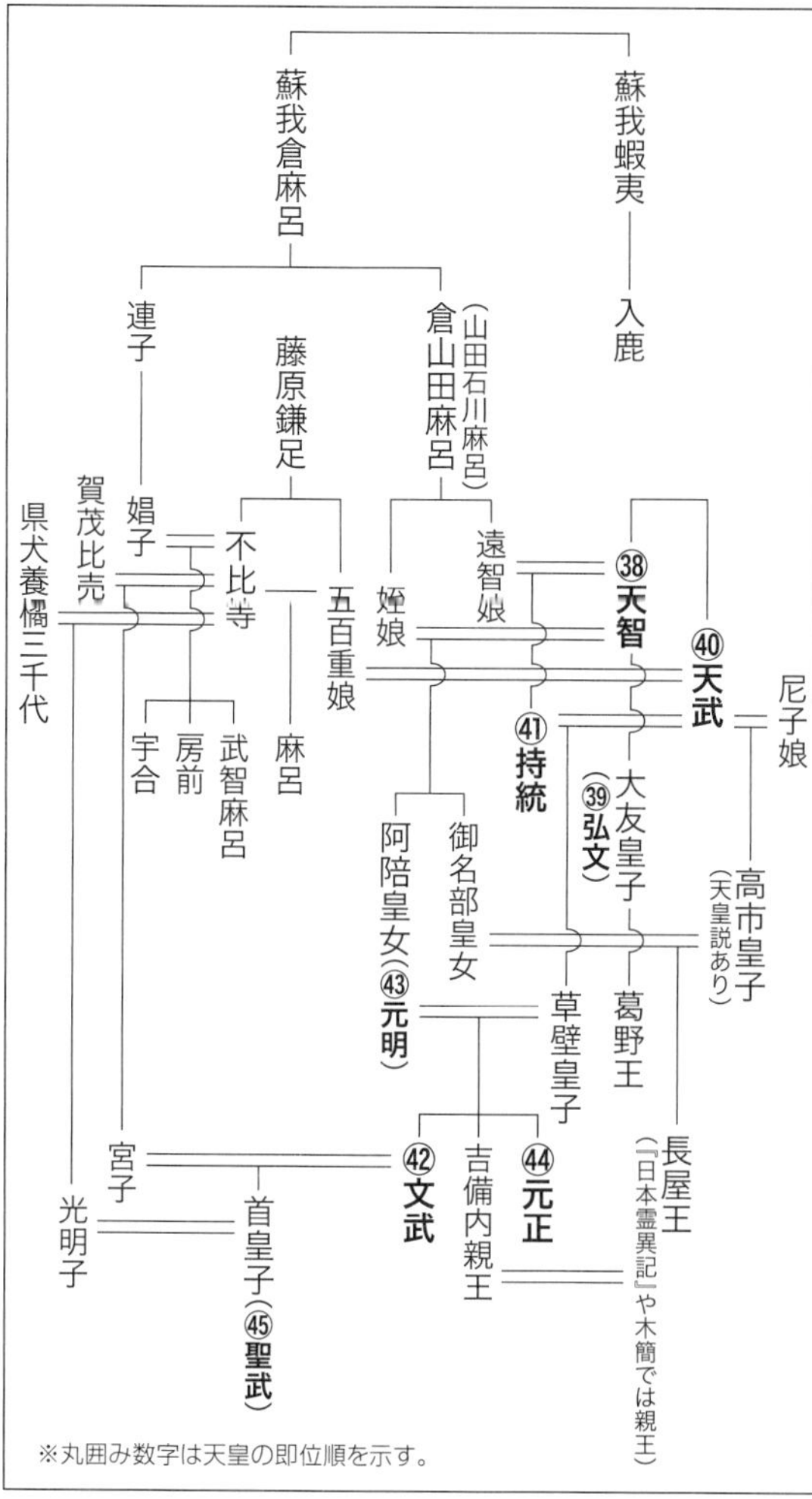

※丸囲み数字は天皇の即位順を示す。

〝ふるめきの族《ぞう》〟（古い一族）というのがあったようですから（『うつほ物語』「内侍のかみ」巻）、まして奈良初期には、必ずしも天皇家に入ることが万々歳ではないにしても、新興勢力である藤原氏にとって、そこに食い込み、生まれた皇子を即位させるというのは、権力を得るためのパスポート、悲願だったに違いありません。

が、入内させられる宮子にしてみれば、戦国時代の朝日姫（豊臣秀吉の妹で、農民出身の夫がいたにもかかわらず、兄に離婚させられ、徳川家康と結婚させられた）のような戸惑いと悲しみを覚えたのではないか。

というのも宮子は、藤原氏腹初の天皇となる聖武を出産後、鬱状態となって、次に我が子に会うことができたのは、なんと聖武が三十七歳になってからだったのです。その様を『続日本紀《しょくにほんぎ》』はこう伝えています。

「皇太夫人《こうたいぶにん》（藤原宮子）は鬱状態に沈み、長いあいだ人間らしい活動ができなくなったため、天皇をお生みになって以来、かつて一度もお会いにならなかった」（〝皇太夫人、幽憂《いうい う》に沈み久しく人事を廃《や》むるが為に、天皇《すめらみこと》を誕《あ》れましてより曾《かつ》て相見《あひまみ》えず〟）（天平九年十二月二十七日条）

それが、僧正の玄昉《げんぼう》法師が一度看病しただけで、目が覚めたように正常になった、というのです。

親の道具にされた娘

今も皇室に入るというのが相当なストレスであることは、雅子皇后が長いこと適応障害に苦しまれたのを見ても察することができます。まして千三百年もの昔では適切な治療を受けることもできず、三十六年間も我が子に会うこともままならぬまま、生きざるを得なかった……。宮子はどんな思いで三十六年という長いあいだを過ごしたのか。宮子にのしかかったストレスの大きさを思うと、目頭が熱くなります。

宮子の気持ちも考えず、己の権勢欲のため、政治の駒として彼女の人生を奪った不比等は、今で言うなら紛れもない毒親でしょう。

不比等がいかに権勢を意識していたかは、結婚相手を見ても分かることで、最初の正妻は名門・蘇我氏のお嬢様の娼子、次はやり手の県犬養《あがたいぬかいの》橘《たちばなのみ》三千代《ちよ》です。

もちろんそこには恋愛感情もあったかもしれない。けれど、とくに橘三千代との結婚は「夫不比等の政治基盤を固め」（義江明子『県犬養橘三千代』）たと言われるほど、彼に利益をもたらしました。

また、系図を作ってみると、蘇我娼子は、持統の母の蘇我遠智娘（や、元明の母の蘇我姪娘）のいとこに当たることが分かります〈系図2〉。

不比等は、持統の母のいとこを妻にしていたわけで、娼子との結婚時期は分からぬものの、長男の武智麻呂の誕生が六八〇年ですから、六七九年ころでしょうか。このころすでに天武の皇后だった持統に、娼子を通じて近づこうという意図があったのではないか……。一方、県犬養橘三千代との結婚は娼子の死後と言われます。三千代は、持統の異母妹の阿陪皇女（草壁皇子妃。息子の文武死後、即位＝元明天皇）に仕えていました。文武はこの阿陪皇女の息子。その後宮に娘の宮子を入れることができたのは「三千代の協力が欠かせなかったはずである」といいます（義江氏前掲書）。

天智天皇の御落胤説もある不比等ですが（『大鏡』「藤原氏物語」）、その真偽はともかく、御落胤が疑われるほどの急速な出世をしたことは確かで、それは功利的な結婚や、娘を犠牲にした政治戦略に負うところが大きかったと私は考えます。

不比等と共に権勢を目指した妻はともかく、可哀想なのは道具にされた娘です。

天皇家に入内した娘が、かなりつらい思いをしていたであろうことは、先にも挙げた

平安中期の『うつほ物語』が伝えています。この物語では、天皇家に入内した〝あて宮〟が、自分を入内させた父をなじり、父も、

「本人が物凄く嫌がったのに、朝廷も親も躍起になって無理強いしたから」(「国譲　上」巻)

と回想しています。

現実にこうした女性がいたからこそ、物語にも描かれているのです。

この手の娘たちの苦悩については第七章で詳しく触れますが、宮子はこのあて宮のように自分の感情をぶつけることも叶わず、病に沈んでいったのでしょう。

第六章　「史上初」女子たちのプレッシャー

光明皇后と孝謙（称徳）天皇

人臣初の皇后となった光明子のプレッシャー

宮子の人生を犠牲にしながら、しかし、藤原氏の躍進は止まりません。

宮子の生んだ聖武天皇（七〇一～七五六）に、宮子の異母妹である光明子（七〇一～七六〇）が入内、藤原氏初、実質的には人臣初の皇后となるのです。

ここに至る道も平坦なものではありませんでした。

『続日本紀』によれば、聖武の皇太子時代に入内した光明子は、七二四年に夫が即位してから三年後、七二七年閏九月二十九日に皇子を生みます。よほど藤原氏腹の天皇をつなげたかったんでしょう、この皇子は生後数十日という前代未聞の幼さで皇太子となります。

ところが翌七二八年九月十三日、皇子は死んでしまうのです。光明子をはじめとする藤原氏のショックはいかばかりか。

その翌七二九年二月十日、前々から聖武天皇の母・宮子の称号に意見するなど、藤原氏にとって目の上のたんこぶだった長屋王が密告され、わずか二日後、王と正妃、正妃腹の男王四人が死に追いやられます（天平元年二月十二日条）。

かくて同年八月二十四日、光明子は皇后に。数百年も昔に非皇族出身で仁徳天皇の皇后となったイハノヒメノ命の先例を出しての言い訳がましい宣命《せんみょう》を長々と述べての立后が行われるのです（天平元年八月二十四日条）。

当時、即位資格のあった皇后には皇族が立つのが普通でした。

そんな時代、光明子は実質的には臣下出身者初の皇后に立ったのですから、その風当たりは民間初のお妃となった美智子妃（当時）の比ではなかったでしょう。それも、県犬養氏腹の皇子・安積《あさか》親王（七二八～七四四）がいる中、彼の立太子を阻止したい藤原氏による、光明子の即位を見据えての立后です（このあたりについては異説もあります）〈系図1〉。

『日本書紀』『続日本紀』による

❖系図1　孝謙（称徳）天皇関連

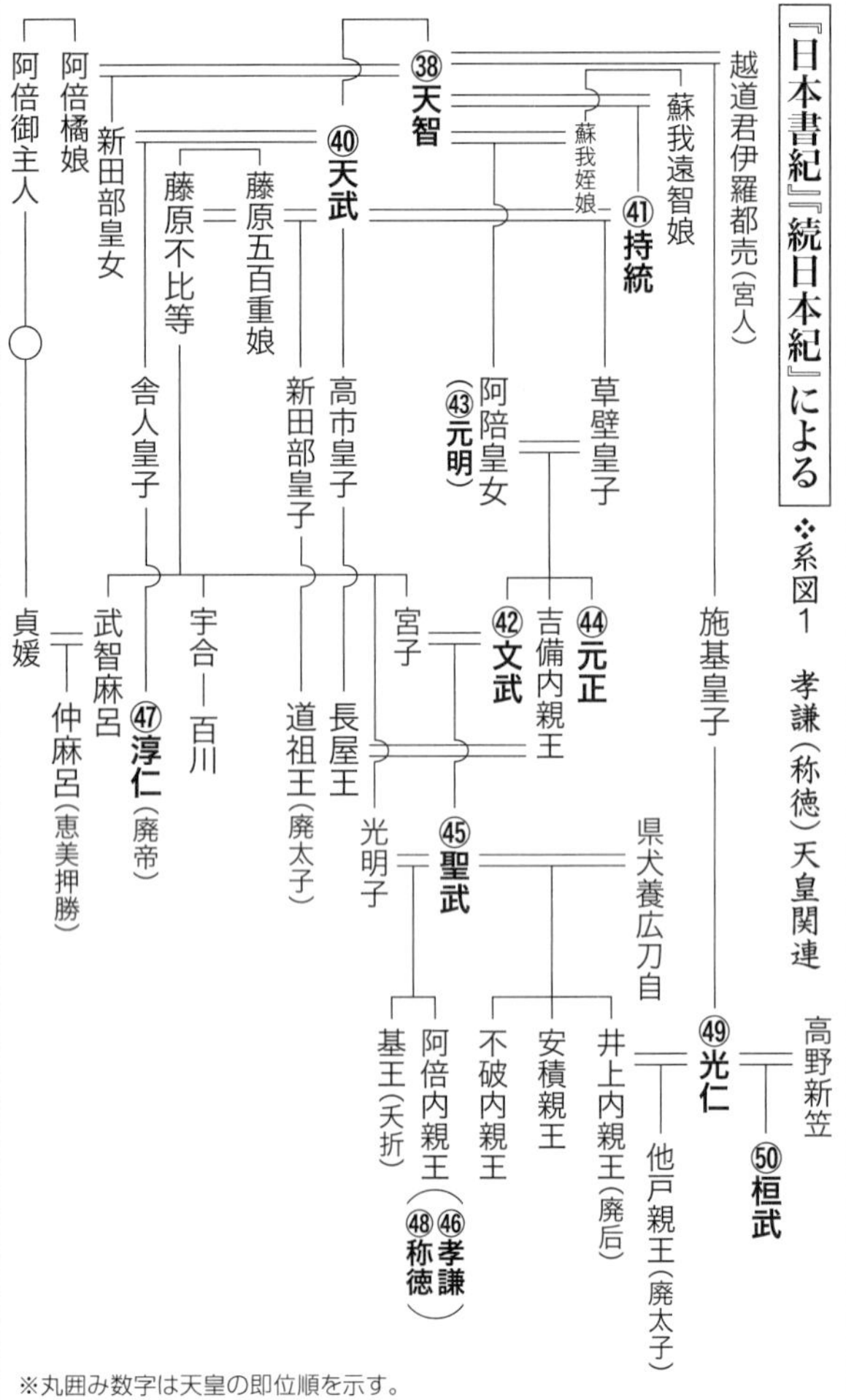

※丸囲み数字は天皇の即位順を示す。

一族の欲望や敵対勢力の憎悪、国民の注視を浴びての立后とは、考えただけでも神経がすり減り、異母姉の宮子が三十六年間、鬱状態となった例が嫌でも思い出されます。

幸い、光明子は、母・県犬養橘三千代譲りの政治力と精神力があったのでしょう。心を病んだ記録はありません。が、七三八年、三十八歳となり、これ以上、皇子の誕生は見込めぬと踏んだのか、皇女である阿倍内親王が二十一歳で女性初にして唯一の皇太子となります。のちの孝謙天皇です。

孝謙天皇は退位後に再び即位して称徳天皇とも呼ばれます。通常、天皇の呼び名は死後つけられた諡《おくりな》ですが、彼女は生前、淳仁に譲位した際、〝宝字称徳孝謙皇帝〟という尊号が奉られます（『続日本紀』天平宝字二年八月一日条）。それを二つに分け、はじめの在位の時は孝謙天皇、淳仁を降ろしたあとの在位の時は称徳天皇と呼ばれるのです。ここでは、孝謙称徳と呼ぶことにします。

史上初・女性皇太子となった孝謙称徳のやばさの理由

この孝謙称徳の立場は、これまた、母・光明皇后にまさるとも劣らぬストレスフルなものでした。

なにしろ父・聖武には安積親王という県犬養氏腹の男子がいながら、権力の階段を駆け上がっていた藤原氏腹ということで、女ながらに異例の立太子となったのです。

それまでの女帝は基本的に皇后から天皇になるというルートを辿っていたため、女性の皇太子はいませんでした。それが彼女は、誰の皇后にもならぬ身で、男子である異母弟をさしおいて皇太子となったのですから、その風当たりは大変なもの。

しかもこの時はまだ、名門・蘇我氏の血を引く元正太上天皇というゴッドマザーも生きている。光明皇后も皇太子・阿倍内親王（孝謙称徳）も、彼女に対する遠慮はあったでしょう。

このゴッドマザーが死ぬのが七四八年四月二十一日（『続日本紀』天平二十年四月二十一日条）。また、異母弟の安積親王は七四四年、十七歳で死んでいます（天平十六年閏正月十一日条）。毒殺説もありますが不明です。

こうして七四九年七月二日、孝謙称徳が三十二歳で即位します。

この女帝の後世の評判はすこぶる悪い。

父・聖武の決めた道祖王《ふなと》の皇太子の地位を廃したり、淳仁天皇の皇位を廃したりした上、死に追いやるというふうに、気に入らぬ者はたとえ天皇であっても処罰する一方、寵愛する僧・道鏡を法王に据え、あげくは皇位を譲るべく画策して失敗するなど、やばいところが多々あるからです。

そのやばさは、彼女の政権の弱さに由来するものでもありました。

彼女の皇太子時代から、女性皇太子を認めなかった橘奈良麻呂による反乱、さらに母の光明皇后死後は、淳仁天皇の舅の藤原仲麻呂（恵美押勝）の乱の勃発があるなど、その治世は不安定なものでした。系図を作ると、反旗を翻した男二人は、彼女の母方いとこに当たることが分かります〈系図2〉。ちょっと複雑な関係とはいえ、本来、力になってくれるはずの母方いとこが敵に回るというのは、つらいことだったに違いありません。

そんな彼女と母の光明皇后が、大いに参考にしたのが中国・武則天の治世です。

そもそも孝謙称徳が女の身ながら皇太子となるという発想も、武則天にならったものでした。武則天は女の身で皇帝になることを実現するために、「菩薩が方便として女身

❖系図2　孝謙（称徳）天皇と反乱者

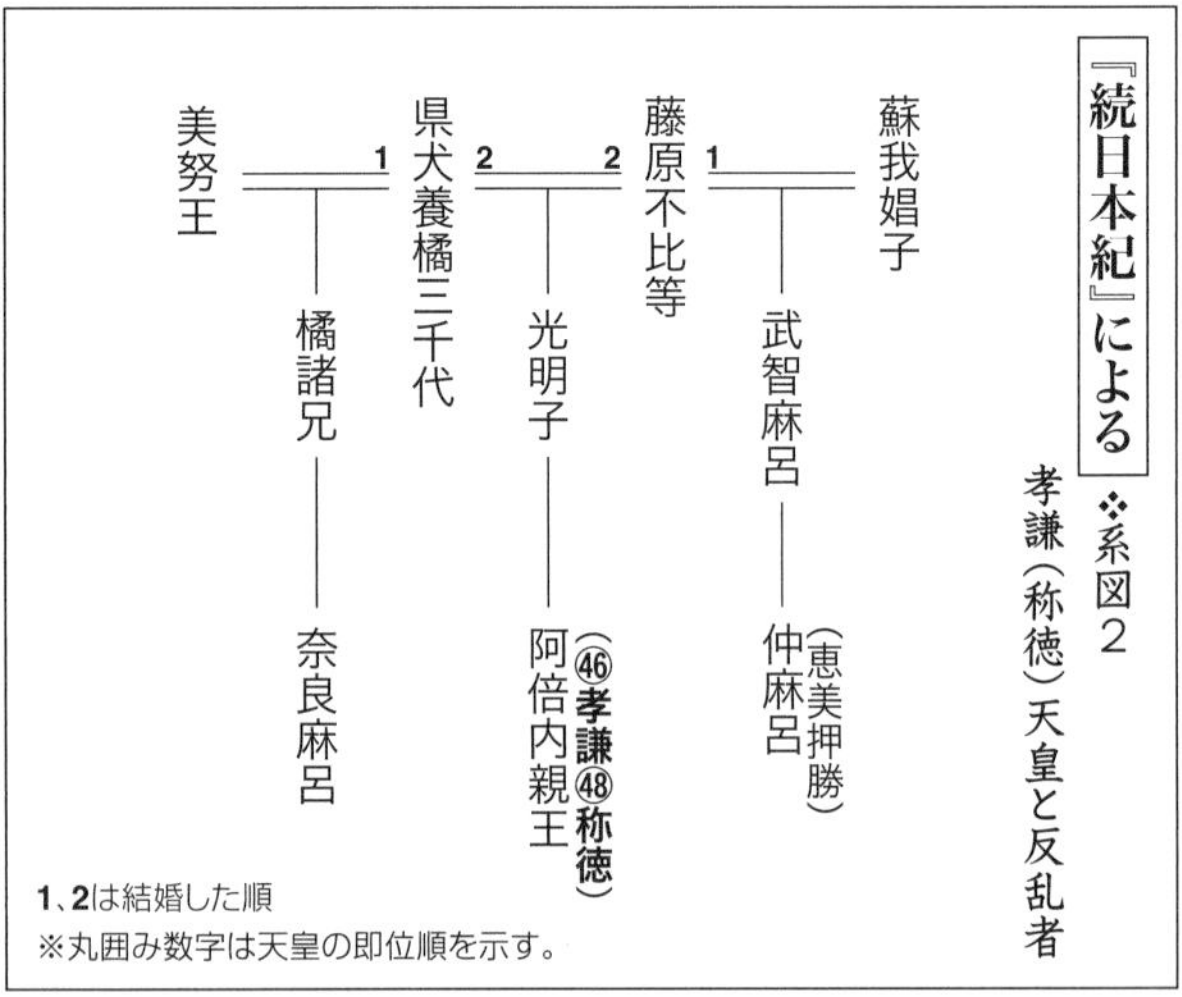

となるという『菩薩転女身』、いわば『方便の女身』説もしくは『菩薩の化身としての女身』説を利用したことが知られている」。母娘はこうした論理を利用して「女性皇太子を合理化」したというのです（勝浦令子『孝謙・称徳天皇』）。

　武則天は四文字の元号を使ったことでも知られていますが、日本で四文字の元号を採用したのは、聖武と娘の孝謙称徳だけで、これも「光明皇后の意向によるとの見解がある」（新日本古典文学大系『続日本紀』三　補注）。光明皇后が夫の聖武に進言したとされる国分寺の建立（国ごとに寺を建立すること）も、武則天が州ごとに大雲寺（大雲経寺）を設置したのにならっています。

特徴的なのは刑罰としての改名です。

武則天は、夫である高宗の皇后だった王氏と淑妃の蕭氏を処刑後、それぞれ蟒《もう》（うわばみ）氏、梟《きょう》（ふくろう）氏、二人のいとこを蝮《ふく》（まむし）氏という姓に改めるなど、死後まで辱めました（氣賀澤氏前掲書）。

孝謙称徳も、道鏡を皇位につけようとした際、それを認めないという神託を持ち帰った和気清麻呂を別部穢麿《わけべのきたなまろ》と改名したり（『続日本紀』神護景雲三年九月二十五日条）、橘奈良麻呂の乱後、処刑した黄文王《きふみ》は多太礼《たぶれ》、道祖王は麻度比《まとひ》、賀茂角足は乃呂志《のろし》などと改名しています（『続日本紀』天平宝字元年七月四日条）。それぞれ気狂い、マヌケ、のろまといった意です。

こうした改名は先にも触れた彼女の治世の脆弱性と関わるかもしれません。

というのも、姓は天皇が与えるもので、「天皇が姓を与えることを、『賜姓《しせい》（姓を賜う）』といった」（奥富敬之『名字の歴史学』）からです。賜姓は天皇の特権であり、屈辱的な改名はその特権の誇示でもあります。誇示しなければならぬほど、彼女の権力基盤は脆弱だったのでしょう。

だとしても、こうした改名を採用したのは孝謙称徳だけというところからすると、ここに彼女の性格、強いコントロール欲がにじんでいる、と言えるのではないか。

加えて彼女は理想主義者であったのだと思います。

だから、天皇を、血脈でつなぐのでなく、天の認める徳を持つ者が継ぐべきだとする中国由来の「天命」思想にのっとって、非皇族の道鏡を皇位につけようとした……。非皇族でありながら、即位資格のある皇后となった光明子の娘である彼女が、そうした理想の天皇像を思い描いたとしても不思議ではありません。

『続日本紀』からうかがえる彼女の性格は潔癖症に近い印象で、皇太子だった道祖王を廃したのは、彼が亡き聖武の諒闇（喪）中に侍童と通じたり、機密を漏らしたりしながら、反省もしなかったから。同時に、不孝の者らを陸奥や出羽に流して矯正するよう命じています（『続日本紀』天平宝字元年四月四日条）。

いずれにしても光明皇后・孝謙称徳母娘が、自分たちに近い時代の先進国の女帝をこれほどまでに手本にしていたというのは、彼女たちの気持ちの中に武則天への悪いイメージが薄かったからでしょう。伝えられる武則天の悪事には後世の男尊女卑の書き手のでっち上げも混じっていると思うゆえんです。もちろん女の身で最高位に立つという「立場」が類似していたからでもありますが、そこに至る母親の権勢欲やプレッシャーという「境遇」に共感を覚えたことも手伝っているに違いありません。

女子初というのは、ただでさえいろんなプレッシャーがある中、彼女たちの「初」は、ちょっとスケールが違いますからね……国内の例では、救いにならなかったのでしょう。

「命名」＝「支配」。親の支配を逃れる方法

さて、天皇が臣下に姓を賜るのは、天皇の支配下に置くことを意味する、というようなことをさっき書きました。

「命名」＝「支配」であることを如実に表しているのが古代の地名です。『風土記』で、天皇家の人々の言動によって土地が名づけられるのも、命名によってその支配下に入る、土地を支配することと同義なわけです。

そういう意味で言うと、昔は「名づけ親」というのがいて、たとえば『竹取物語』のヒロインを〝なよ竹のかぐや姫〟と名づけたのは、彼女を竹から見いだした竹取の翁《おきな》ではなく、〝御《み》室《むろ》戸《ど》斎部《いむべ》の秋田〟という人です。名づけ親は生涯、その子の後見人となる。

ことばを変えれば、その子は名づけ親の支配下に入るのです。

もちろん名前は親がつけることもあります。『古事記』で、垂仁天皇とその后のサホビメが敵味方に分かれて戦うことになった際、サホビメは生まれた皇子を垂仁に渡すのですが、サホビメに未練のある垂仁は、

「そもそも子どもの名というのは必ず母がつけるものなのに、この子の名はどうしたらいいのか」（〝凡《おほよ》そ子の名は、必ず母の名《なづ》くるに、何《いか》にか是《こ》の子の御名《みな》を称《い》はむ〟）

と尋ねます。基本的に母方で子が育てられていた古代には、母が命名者だったのです。

そして、命名した時点でその支配下、コントロール下に入ったことになる。

古代に毒母が目立つのも、こうした理由から、かもしれません。

いずれにしても、親に名前をつけられた時点で親の息が掛かっているわけで、親を恨んでいる人が時に改名したりするのも、親のつけた名前が嫌だ、自分の名に親の気配を感じるのが嫌だ、という思いからであるにしても、心身共に親の支配下から離れるという意味では非常に効果的であろうと思う次第です。

「白雪姫」を殺そうとしたのは継母ではなく実母だった

「継母」は、洋の東西を問わず、悪役をあてがわれることが多いものです。

「白雪姫」の継母は自分より美しい白雪姫に嫉妬して、森の中で狩人に殺させようとしたあげく、おばあさんに化けて毒リンゴを食べさせたという設定です。

が、実は、『グリム童話集』の初版では、白雪姫の美しさを妬み、殺そうとするのは継母ではなく、実の母だったこと、ご存知ですか？　それが、「第二版以降は、白雪姫の母は白雪姫を産むと死に、白雪姫を殺そうとするのは継母になっている」（『初版グリム童話集』2　吉原高志・吉原素子訳）。

もともと『グリム童話集』は、採集したドイツの昔話に、グリム兄弟が手を加えて書き替えたものなのですが、「内容が十分に子ども向きでない」などの批判から、第二版以降では「残酷な場面や性的な事柄が削られ」ました（『初版グリム童話集』1　訳者まえがき）。つまり白雪姫を殺そうとするのが実母というのは残酷すぎるということで、継母に変えられてしまったのです。

逆に言うと、継母なら継子いじめは当たり前、継子の美貌に嫉妬して殺そうとするのだって有りだよね、と、当時の人は考えていたわけです。

このように、継母と言えば「継子いじめ」をするものだという観念は、しかし、太古の昔からあるものではありません。子どもが母のもとで生まれ育つのが普通だった母系社会的な古代では、母が死んでも、母方祖父母や母の姉妹（オバ）に育てられるのが普通です。一夫多妻の婿取り婚が基本の平安貴族社会でも、母を亡くした子は、『源氏物語』の夕霧のように、母方の実家で育てられていたために、継母という存在はいても、生活を共にするということはありませんでした。

それでも、夕霧が十二歳になると父の源氏のもとに引き取られ、そこで花散里という継母に養育され、また紫の上という美しい継母の姿を垣間見て憧れたように、平安時代でも、継母と暮らしを共にするということは、ないわけではない。

　母方の力が弱い場合、母が死ねば、父の同居する正妻の家に引き取られ、継母や腹違いのきょうだいと同居する羽目にもなります（紫の上も、実父の同居する意地悪な継母のもとに引き取られるところを、タッチの差で源氏に連れ去られたという設定です）。

　そんな家庭を舞台にしているのが、平安中期の『落窪物語』です。

母の期待に応えられずに泣く『落窪物語』の実子

『落窪物語』の継母（北の方）は、王朝物語の親の中でもかなり毒々しい。

　夫が時々通っていた亡き皇族女性の娘を、家の落ち窪んだ一間に住まわせたあげく、〝落窪の君〟と使用人にも呼ばせ、家族がレジャーに出かけるあいだ、実の娘たちの婿の服を縫わせるなどの家事労働をさせる。しかも縫い物を婿が褒めていると伝え聞くと、

「落窪には聞かせるな。つけあがるから。こういう奴は卑屈にさせておくのがいい」

（〝落窪の君に聞かすな。心おごりせむものぞ。かやうの者は、屈《く》せさせてあるぞよき〟）

　と女房に命じ、寒い中、ろくに服も着させない。あげく、落窪のもとにイケメン貴公子がこっそり通っていると知ると、夫（落窪にとっては実父）に、六位といっても蔵人ですらない、二十歳そこそこの、身長はたった一寸の男を通わせている、と嘘をつきま

す。父も父で、

「そんな娘はこの北の部屋に閉じ込めておけ。ものも食わせるな。責め殺してしまえ」

（"この北の部屋に籠めてよ。物なくれそ。しをり殺してよ"）

とまで言う。そんな夫のことばに、継母は"いとうれし"と思い、落窪の君を臭い納戸に閉じ込め、六十の貧乏医者である叔父に犯させようとする……北の方のしたことは、今なら犯罪そのものです。

幸い姫は、母の在世中から仕えている忠実な侍女と、その夫の働きで貴公子に救い出され、貴公子による北の方への仕返しが終わったあとは、大貴族の妻として数多《あまた》の子女を生み、親や異母妹たちにも便宜を図るという、めでたしめでたしの結果になるのですが。

注目すべきは、北の方の実子である三女と四女の感慨なのです。

出世した落窪の君に饗応を受けて帰宅した父（↑実の娘を「責め殺せ」と言った父ですよ）が、落窪の君の今の暮らしがいかに素晴らしいか酔って話すのを、寝ながら聞いていた二人はこんなふうに語り合って涙ぐみます。

「父上や母上のお気持ちを思うと恥ずかしいわ。いっそ尼にでもなってしまいたい」
「ほんとに親がどう思うかが恥ずかしい。私たちの宿運がこんなに情けないものとも知らず、母上が落窪の君と分け隔てして大事にしてくれたのに、世間の人もどんなに思い合わせることか」

北の方の実子たちは、母が自分たちに期待をかけて大事にしてくれていた分、それを裏切る形になった現状を、親や世間に顔向けできぬ、と恥じているのです。

継子をいじめる親は実子にとっても毒親

子に罪悪感を覚えさせるのは毒親の大きな特徴ですが、そもそも母から娘へ家土地が伝領され、子は母方で育つのが基本の平安時代、息子より娘が大事にされる傾向にありました。まして天皇家に娘を入内させ、生まれた皇子の後見役として繁栄する中・上流貴族であれば、

「美しい娘は親の面目を施すもの」（〝良き女子《をんなご》は親の面《おもて》を起すもの〟）（『うつほ物語』「国譲中」巻）

「男の子は残念で、女の子は大切なもの」（〝男《をのこ》は口惜《くちを》しく、女はかしこきもの〟）（『夜の寝

覚』二）

と言われ、親は娘に期待をかけていた。

それだけに、その重圧は時に娘を苦しめたことが、実子たちの会話からうかがえます。『落窪物語』の北の方は、継子の落窪の君にとってはもちろん、実の娘たちにとっても毒親だったのです。

その毒親ぶりを最も浮き彫りにしているのは、実の娘である四女が妊娠した時、北の方がつぶやいたセリフです。

「なんとか子を生ませたいと思っている少将の子はできなくて、このバカ者のタネが広がること」（〃いかで子生ませむと思ふ、少将の君の子は出《い》で来《こ》で、この痴者《しれもの》のひろごること〃）

落窪の君の夫となった貴公子は、妻をひどい目にあわせた北の方への仕返しの一つとして、北の方の可愛がる四女と結婚するふりをして、馬面で色が異様に白い、〃面白《おもしろ》の駒《こま》〃とバカにされていた親族をあてがいます。男が女のもとに三晩通って結婚が成立する当時、北の方側がそうと分かった時にはすでに手遅れで、四女は〃面白の駒〃の子を妊娠していたのです。継母の言う〃少将〃とは三女の婿ですが、彼はのちに面白の駒と相婿でいることに嫌気が差して、三女と離婚してしまいます。妻方に通い婚するのが基本の当時、相婿は兄弟よりも絆が深い場合もありますから、少将としては耐えられなかったのです。

こんなことがあって、姉妹は「出家したい」と泣いていたわけです。望まぬ妊娠をした上、こんなエグい母の愚痴を聞かされた四女は本当に可哀想で、彼女は、「なんとかして死にたい」（〝いかで死なむ〟）

とまで思いつめます。

そりゃあそうですよ。「バカ者のタネが広がる」という、そのバカ者＝面白の駒のタネを腹に宿しているのは自分なんですから。傷ついた四女を慰めるどころか、こんなふうに罵倒する北の方は、実子にとっても紛れもなく毒親です。

考えてみれば、継子とはいえ、これだけエグいいじめをするような人間が、実の娘にだけ良き親であるわけがない。いじめも猫可愛がりも「支配欲」の現れです。そんなふうに育てられた実の子が自立心に欠けてしまうのもまた道理で、のちに四女は、落窪の君の夫によって良い男をあてがわれてフォローされるものの、妻らしいことは何もできず、落窪の君の助けを借りるという落ちがついています。

幼女を軟禁して教育虐待する『うつほ物語』の父

『落窪物語』の救いは、以前から母（落窪の君にとっては継母）に批判的だった末息子が、いつまで経っても反省の色を見せない母（北の方）を、

「なんでこんなに悪い親を持ってしまったのか」（〝などかくあしき親を持ちたてまつりけむ〟）

と認識し諫めている点です。それは母のせいで世間が狭くなる、貴族社会で生きにくくなるという実利的な理由からではあるのですが、悪い親を悪い親と非難する意識があったのは、平安時代の健全さでしょう。

だとしても、娘を天皇家に入内させ、つまりは娘の性を使って一族が繁栄していたという仕組みは、親が娘に過大な期待をかけることにもなって、平安貴族文学を読んでいると、この時代ほど現代的な意味での毒親が大量発生した時期もないのでは？　という思いになります。

それが如実に分かるのが、零落貴族の娘が立身出世する『うつほ物語』（十世紀後半）です〈系図〉。

ここに出てくる大貴族は、妻が妊娠すると「娘が生まれるかもしれない」と期待して、

『うつほ物語』

❖系図　「楼の上　下」巻時点

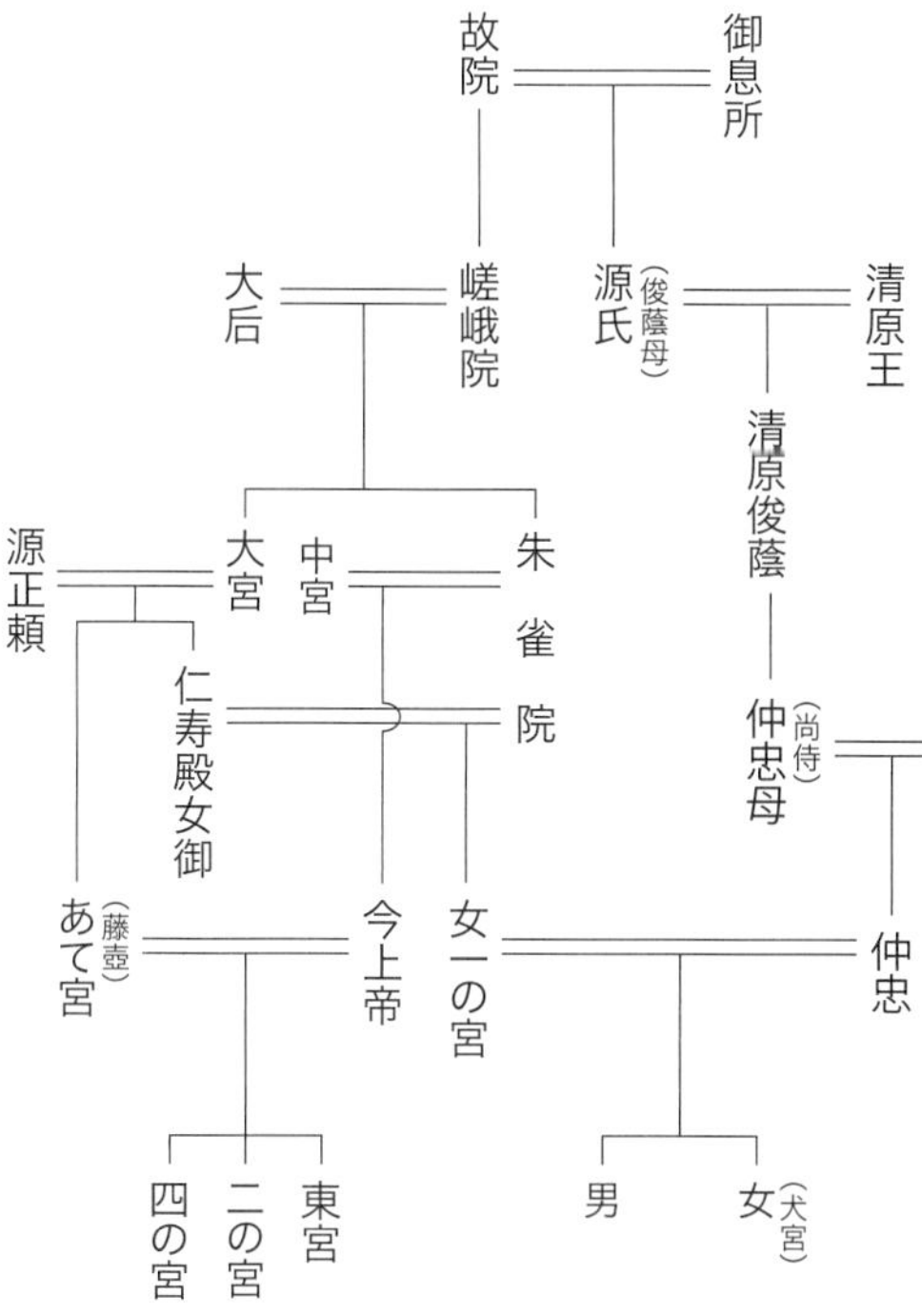

娘が生まれると「美しく性格もよくなるように」と産湯の使い方一つにも気を遣う。息子が生まれると顔も見ないのに、娘のためにはあらかじめ蔵を用意する親も出てきます。

そんなふうに期待をかけられても果たせぬ娘もいるし、一族の期待を背負って天皇家に入内しても愛されない娘もいる。愛されたとしても満たされぬ思いをしている例もあることを、『うつほ物語』は描き出します。

それが絶世の美女〝あて宮〟で、かぐや姫よろしく求婚者が殺到し、彼女に焦がれる実兄が死ぬといった騒ぎの中、天皇家に入内した彼女は立て続けに皇子を出産。揺るぎない地位を得ながら、親族を含む他の妃たちの嫉妬に苦しみ、後悔で〝常に思ひ嘆く〟(「蔵開 上」巻)のです。

そして、かつての求婚者の中で一番イケメンだった仲忠と姫の女一《おんないち》の宮《みや》が結婚し、女一の宮が幸せそうにしているのを耳にすると、嫉妬のあまり不機嫌となるので、天皇である夫も腫れ物に触るように気遣う有様(「楼の上 上」巻)。

あて宮は参内した父をこうなじってもいます。

「こうも世間から隔たった世界に据えられて、煩わしいことばかり耳にして、聞きたいような素晴らしいことは、私以外は皆、お聞きになるのに私は聞けない。悩みがなく、

思い通りのことを見聞きしてこそ埋想でしょうに」（「楼の上　下」巻）
　また、こう言って泣いたりもします。
「つまらぬ宮仕えをして、ひどい悪口を浴びせられる時はつらいものです。私のことを好きだった人と結婚すべきだったのに」（「国譲　上」巻）
　あて宮がこんなに不満たらたらなのは、その父によれば、
「本人が物凄く嫌がったのに、朝廷も親も躍起になって無理強いしたから」（「国譲　上」巻）
　あて宮は権勢欲の強い女としても描かれてはいますが、一方では、天皇家に入内したことを常に悔やみ、父のせいでこうなったという認識を持っており、父にもその自覚があったのです。
　そんな、あて宮が羨む登場人物の一人が、仲忠の妻の女一の宮なのですが、その女一の宮にしても、夫によって数えで六歳（満五歳。今でいうなら幼稚園児です）の娘と引き離されるという憂き目に遭っている。
　夫・仲忠は自分の母親と共に、娘を楼上に軟禁し、秘伝の琴の奏法を伝授しようと目論んだのです。それもこれも、零落した家の再興という目的のため。もともと乳児時代

の娘には無関心で〝憎み汚がる〟(『国譲 下』巻)という毒母だった女一の宮ですが、離れればなれになると娘が恋しくてなりません。

今でも、姑や母親と教育方針が違ってイラつくことってありますよね？

女一の宮のやられているのは、それのひどいバージョン。しかも夫は姑と結託している。女一の宮に教育方針のようなものはとくにないとはいえ、可哀想なのはスパルタ教育のため母と引き離された幼い娘です。

楼上から景色を見ながら母を恋しがる娘に、父の仲忠は、

「この琴をよくお稽古したら、ママはすぐにいらして一緒にご覧になるとおっしゃってたよ」

などと適当なことを言って娘を励まします。けれど、季節が巡り、木々が色づくようになっても母とは会えず、

「パパは恋しくても我慢なさいとおっしゃったけど、ママはもう私を忘れたんじゃないかしら。ママのお手紙が欲しい！」

と泣きだします。すると仲忠は、

「泣かないの。お手紙はあるよ。そこには、よくお稽古してますか？もうすぐそちら

へ行って拝見しましょう、と書いてあるよ」と、これまたその場限りの嘘で慰めながら、一方では不憫にも思い、面白い絵を見せたりするのですが、幼い娘は母に会いたい一心でひたすら稽古に励むのですから、いじらしいことこの上ありません。

いちばん怖いのは実の親

こうして見ると、継母よりも怖いのは実の親という気がしませんか?

現代でも、厚労省のＨＰに掲載されている平成二十九年度のデータによると、「主たる虐待者」の最多は実母です（46・9％）。次いで実父（40・7％）、実父以外の父（6・1％）、実母以外の母つまり継母は0・6％で、数値の上では最も割合が低い。実父の割合が年々増加しているのは、父が子育てに関与することが増えているからでしょう。いずれにしても、継母の割合は全年度を通じて一貫して低いのです（https://www.mhlw.go.jp/content/11920000/000394627.pdf）。

血のつながらない子を実の子同然に愛せないのは無理のないところもあるでしょう。だからといって虐待をしてしまう親というのは、実の子に対しても支配的な子育てをするはずです。逆に実の子に支配的な親は継子に対しても毒親になるのです。

『うつほ物語』は、こうした実父母たちの権勢欲や名誉欲のせいで苦しむ娘たちを描いたという点で貴重な物語です。

けれど、一族が繁栄してめでたしめでたしというお伽話のパターンから外れることはありません。

毒親育ちの「リアル」が物語で展開するのは、『源氏物語』を待たねばならないのです。

第八章　『源氏物語』に描かれたリアル毒親　教育虐待、子の自殺未遂

光源氏は毒親だった

『源氏物語』には、『落窪物語』に出てくるような犯罪者級の継母や実父、『うつほ物語』に出てくるような、子が生まれる前から〝女の蔵〟を用意したり（「蔵開　下」巻）、娘を楼上に軟禁して琴の特訓をしたりする（「楼の上　上」「楼の上　下」巻）極端な父親は出てきません。

が、現代的な観点で見ると、むしろリアルな毒親にあふれています。

まず主人公の源氏からして、今でいえば毒親です。

「高貴な身分に生まれたのだから、そんなに学問をしなくても人に劣るまい。無理に学問の道を深く励むでない」（「絵合」巻）

という父・桐壺院《きりつぼのいん》の方針で学問以外の音楽や絵画といった芸能を習わされた源氏は、

その反動で、息子の夕霧に厳しい教育方針をとります。

子は母方で育つ当時の習慣もあって、母方祖母のもとで育った夕霧（母は夕霧出産後すぐに死んでいます）が十二歳になると、学問をさせるため手元に呼び寄せ、育ての親の母方祖母と会うのは月に三度だけと制限する。真面目で頑張り屋の夕霧は優秀な成績を修めるものの、いとこである恋人の雲居雁《くもいのかり》とも会えず、馴れぬ父との暮らしを強いられて、

「ひどい仕打ちをなさるものだなぁ」（〝つらくもおはしますかな〟）（「少女」巻）

と、父の源氏を恨みます。

楼上に幼女を閉じ込めて琴の特訓をする『うつほ物語』の大貴族ほどではないにしても、これも一つの教育虐待でしょう。

教育虐待とは、親が子に過剰な期待をかけて、勉強や習い事を強いる虐待の形で、とくに自分ができなかったことを、子に押しつけるパターンがよく知られています。

たとえば、引き籠もりの当事者としてウェブや雑誌で発信、『世界のひきこもり――地下茎コスモポリタニズムの出現』の著書もある〝ぼそっと池井多〟さんは、母親に「絶対、一橋大学に入るように」と教育虐待を受けていました。彼の母親はお嬢様育ちでし

たが、一橋大生に振られた経験があり、仕方なく高卒の男性と結婚したという過去があったのだそうです（黒川祥子『８０５０問題――中高年ひきこもり、７つの家族の再生物語』）。「自分ができなかったこと」「得られなかったこと」を子にやらせようというのは、教育虐待のパターンなんです。

そのパターンがすでに千年以上前の『源氏物語』には描かれている。

源氏は実はもともと大の学問好きで、小さいころから〝学問に心を入れて〟いました（「絵合」巻）。

それが、

「学問を深く究めた人が、長寿と幸運を兼ね備えるというのはとても難しいから」

という父・桐壺院の考えで、学問の追究を阻止されていた。院の頭には、伴善男《とものよしお》や菅原道真といった、学問で出世した政治家の悲劇的な末路があったのでしょうか。息子の長寿と幸運を願ってのこととはいえ、子の思いを汲まぬ桐壺院も毒親といえば毒親です。今なら受験のために部活をやめさせるようなもの。いや、それは夕霧のケースで、源氏の場合、好きな勉強をやめさせられて部活を無理強いされたわけです。源氏も夕霧も何をやらせてもデキるタイプですから、源氏は芸能、夕霧は学問を究めるわけですが……。

桐壺院、源氏と、二代にわたって息子の意志を無視する形であるのも、ちょっとした虐待の連鎖という感じです。

源氏は一方で、娘の明石の姫君のことは、天皇家に入内させる政治の駒として、数えで三歳の幼時から、身分の低い実母の明石の君から引き離し、正妻格の紫の上と共に手元で育てます。引き離された明石の君にとっても、姫君にとっても残酷な仕打ちです。晩年の子の薫に至っては、妻の女三の宮の不義の子であるため、心から可愛がることはしません。

理想の男であるはずの源氏ですらこんな調子なのです。

まして、親友の頭中将《とうのちゅうじょう》はほうぼうの女のもとで生まれた実の娘たち（玉鬘《たまかずら》や近江の君）を、行方知れずのままにして何年も過ごしているし、源氏の父の桐壺院にしてからが、美しく優秀な第二皇子の源氏は可愛がっても、第一皇子の朱雀帝には、死霊となって祟ったりする設定です。

が、これらはまだ、王朝物語であればありがちなことで、驚くほどではありません。

『源氏物語』の凄いのは、親の期待に押しつぶされるような形で自殺する（未遂に終わりますが）女を描いたことです。

娘の人生で、己の欲望を満たそうとした中将の君

それが宇治十帖《うじじゅうじょう》の浮舟で、彼女の母である中将の君は、『源氏物語』のヒロインでは唯一、人に仕える女房の身分です。

中将の君は八の宮という源氏の異母弟のお手つきとなって浮舟を身ごもるのですが、八の宮は残酷にも、中将の君の妊娠以降、冷たくなり、浮舟の認知も拒みます。中将の君は仕方なく地方官僚である常陸介《ひたちのすけ》の後妻となって、浮舟の異父弟妹たちを生むものの、高貴な八の宮の血を引く浮舟を特別扱いし、期待をかけていました。

といっても、娘の幸せを願う中将の君は、浮舟を愛人にしたいという大貴族の薫からの打診を人づてに受けながらも、浮舟が劣り腹ということで自分の二の舞になるのではと案じ、相応の男と縁づけようと奔走します。

ところが、中将の君が浮舟の婿として見繕った落ちぶれ貴族は、常陸介の財産目当てだったため、浮舟が常陸介の継子と知ると、実子に乗り替えてしまうのです。

こうしてみると宇治十帖って、落ちぶれた人たちが多いんですね。

そもそも八の宮だって源氏の異母弟ながら、極度に落ちぶれ、娘の乳母も逃げ出す極

貧状態だったし、あとで触れるように中将の君自身も、八の宮の正妻の姪ながら人に仕える身に落ちぶれていた。その夫の常陸介も落ちぶれ貴族という設定です。そんな「落ちぶれ者」の群れである宇治十帖が、子どもを利用し名誉を再び得ようとする「毒親物語」になるのも不思議はないわけです（→第三章）。

この物語の中核となる浮舟の母の中将の君は、同じ子どもでも、血筋も容姿も格別な浮舟を溺愛していた。そして自分が浮舟のために探してきた落ちぶれ貴族が、常陸介の実子（彼女の実子でもあります）に乗り替えたと知ると、激怒します。

「父親がいないからってバカにして」

と。そして、

「この姫をひとかどの人間扱いする人がいないからバカにするのだ」

と考え、ふだんつきあいのなかった浮舟の異母姉・中の君（中将の君にとってはいとこに当たる）のもとに押しかけます。

大貴族とつきあいのあるところを見せつけてやれば、皆が浮舟に一目置くに違いない……と考えたわけで、この時点でもう中将の君、ダメです。

中の君はいとこで義理の娘とはいえ、八の宮が認知しなかった浮舟を気にかけたこともなかった人です。ろくなことにならないのは目に見えている。そもそも中将の君自身、八の宮に対して、自分を人間の数にも入れてくれなかったという恨みが強くある。

案の定、八の宮の北の方（正妻）腹の中の君が、大貴族の匂宮《におうみや》の妻の一人として上流然としているのを見ると、

「私だって、八の宮の亡き北の方とは他人じゃないのに、人に仕える女房というだけで人間の数に入れてもらえず、口惜しくもこうして人にバカにされている」（〝我も、故北の方には離れたてまつるべき人かは、仕うまつると言ひしばかりに数まへられたてまつらず、口惜しくてかく人には侮らるる〟）（「東屋」巻）

と、悔しい気持ちになる。

中将の君の心の中で「人にバカにされている」と憤る対象が、娘の浮舟から、母親である彼女自身にすり替わっているところに注目です。

中将の君は八の宮の北の方の姪でした〈系図〉。親が死ぬなどして落ちぶれた場合、親戚に仕える身となるのは当時、現実にもありがちなことで、藤原道長の娘にも、零落した親族が仕えています。そうした女の悔しさを、自身、落ちぶれ貴族でもあった紫式部は、中将の君に代弁させたのでしょうが……。

『源氏物語』

❖系図

「蜻蛉」巻時点

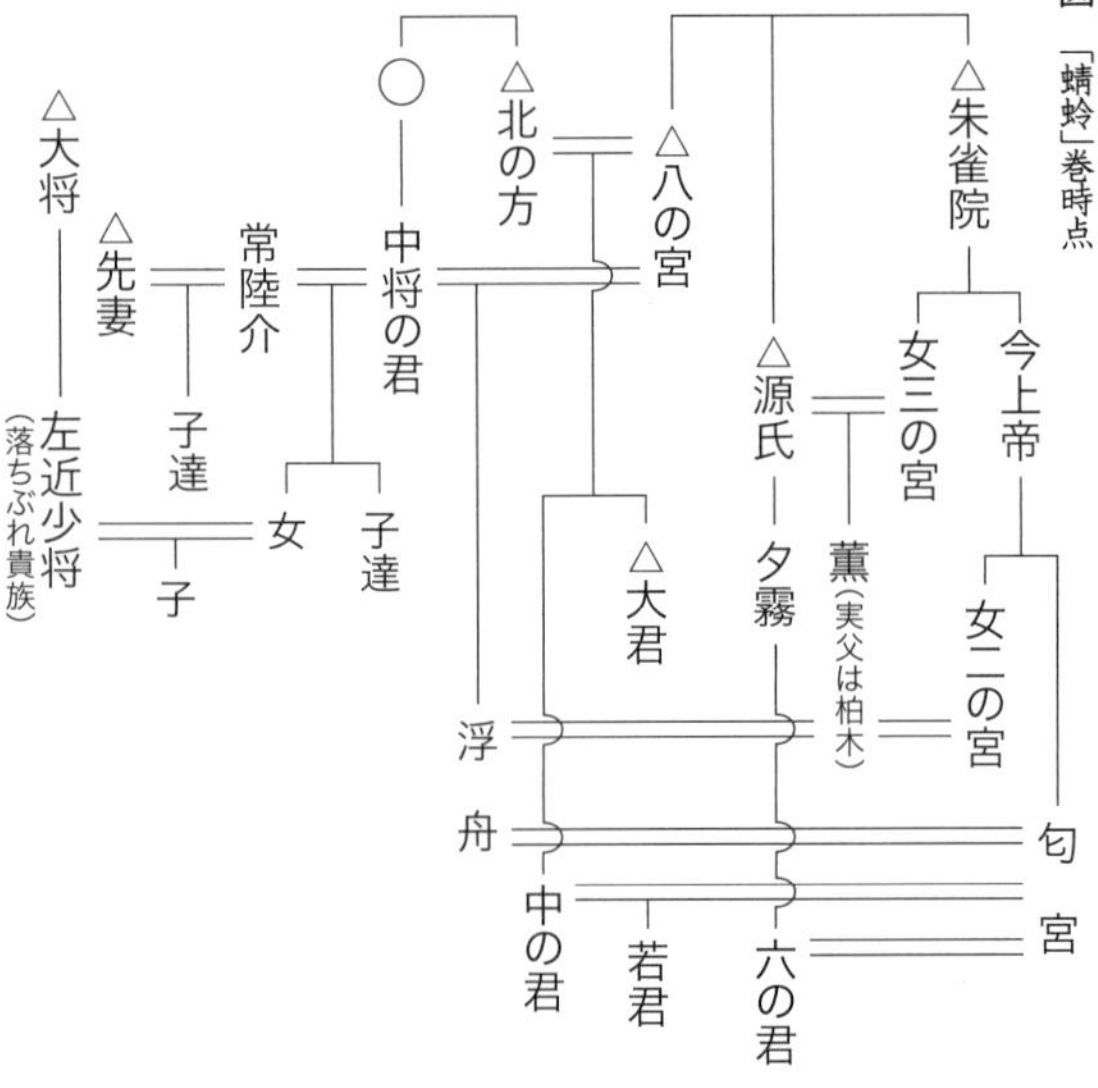

△は故人を示す。

この中将の君の思いからは、バカにされているのは浮舟というよりは中将の君自身であって、彼女自身がそれをとんでもなく口惜しく思っていたことが分かります。

ということを紫式部は、読者に念押しする。

そしてここからが、中将の君の毒親ぶりが発揮されるところで、彼女はいとこの中の君の屋敷で見た匂宮の素晴らしさに、「私の娘だって」と思うようになります。

「私の娘だって、ここにこうして並んでいたとしても違和感はないに違いない」（〝わがむすめも、かやうにてさし並べたらむにはかたはならじかし〟）（「東屋」巻）

毒親警報のようなものがあるとしたら、ここで激しく鳴ることでしょう。

毒になる人からは離れるしかない

中将の君の心は決まります。中の君の屋敷を訪れた薫をその目で見ると、

「天の川を渡ってでも、こんな彦星の光をこそ待ち受けさせたいものだわ。私の娘は、並みの男と結婚させるのはもったいない容姿なんだから」（「東屋」巻）

たとえ年に一度しか来なくたっていい、大貴族の薫に娘をやろうと決意して、浮舟を中の君に託すのです。

あとは皆さん、ご存知の通り。

浮舟は案の定、薫に大事にされず、亡き異母姉・大君《おおいぎみ》の身代わりとして、大君のいた寂しい宇治に放置されます。そこを匂宮に犯されると、薫と違って激しく自分を求めてくれる匂宮に惹かれてしまう。自分をレイプした男に惹かれるほど寂しかったのです。けれど匂宮は浮舟の異母姉である中の君の夫。浮舟は姉に顔向けできない、という気持ちに苦しみます。かといって、正式に妻の一人にしてやろうと言いだした薫に従う決心もつかない。

そんなふうに苦悩していたところに、母・中将の君が来訪。同じ八の宮家の女房だった尼との会話で、

「もしも娘が匂宮と良からぬことをしでかしていたら、どんなにつらくて悲しくても、二度と再びお目にかかりません」

と母が言った。それを聞いて浮舟は自殺を決意します。同時期、薫にも匂宮との関係が発覚、にっちもさっちもいかなくなって、入水自殺を図るのです。

恐ろしいのは、中将の君は、薫が亡き大君の〝形代《かたしろ》〟(身代わり)の〝人形《ひとがた》〟として

浮舟を欲していることを、中の君と薫との会話で知っていたことです。

「かつて逢ったあの人（大君）の身代わりならば、肌身離さず、恋しい折々、思いを振り払う撫《な》で物にしよう（身を撫でて災いを移して流す人形のように）」（〝見し人のかたしろならば身にそへて恋しき瀬々《せぜ》のなでものにせむ〟）（「東屋」巻）

などと、薫が中の君に歌を詠んでいるのを、中将の君はじっと聞いていたのです。

にもかかわらず、いとこの中の君の優雅な暮らしぶりや、薫の大貴族ぶりを見て、

「私だって大君や中の君の母上とは他人ではなかったのに」「私の娘だって」と、思いをつのらせ、浮舟をその世界に投げ込んでしまう。

上流の世界から弾き出された彼女は、娘によってリベンジしようと目論んだ……。

もうこれ、毒親物語以外のなにものでもないでしょ。

娘を思っているようでいて、その実、娘を使って、達成できなかった自分の思い――上流貴族の〝数〟に入りたいという欲望――を満たそうとしている。

かつて拙著『源氏の男はみんなサイテー』に「親子小説としての源氏物語」という副題を付けたのは、そういう親子の実態が『源氏物語』には書かれているから、なんです。

ちなみに浮舟の自殺は未遂に終わり、縁もゆかりもない尼僧に助けられ、何もかも

――記憶さえ失っていた浮舟は、やがて記憶を取り戻し、その生存をつきとめた薫から会いたいという手紙をもらうものの、

「人違いでしょう」

と拒絶。薫も、

「また、ほかの男が隠して囲い者にしているのかな」

と、見当違いな勘ぐりをして長い物語の幕は閉じられます。

これまた現代的というか、毒になる親、毒になる人々から逃れるには、離れるしかない、ということなんでしょう。

何の自己主張もしなかった浮舟が流されるように薫に抱かれ、匂宮に犯され、苦悩した時――つまりは壁にぶち当たった時、死を志向し、尼僧に助けられても「自分は生きていても〝不用の人〟」とつぶやく（「手習」巻）設定も、親に人生を乗っ取られた毒親育ちの自己評価の低さを表しています。

『源氏物語』には、親に利用されながらも一族繁栄をもたらした女たちが多々描かれていますが、浮舟という女房腹のヒロインを最後に登場させることによって、日本初の毒親物語を実現した、と言えます。

第九章　やり過ぎる母㈠

息子のラブレターをさらす『蜻蛉日記』道綱母

息子のラブレターの代作をする母

毒親の特徴は「支配的」であること。

その一つの表れが「介入」です。

結婚に、仕事に、介入する。そこで自分の欲望を子に押しつける。

もっとも前近代、仕事の多くは生まれた時に決まっている上、親が結婚に介入するのは当たり前でした。これは度が過ぎている……というケースがあったとしても、果たして当の子どもがどう感じていたか、多くの場合、分かりません。状況証拠によって、憶測で判断するしかないのです。

そんなふうに状況証拠からして毒親判定できるひとりが、平安時代の道綱母（九三三か九三六ころ〜九九五）です。

歌人で、『蜻蛉日記』（九七五年ころ）の作者として有名な彼女は、当時の女の常で、本名は伝わっていません。その呼び名は、藤原兼家（九二九〜九九〇）とのあいだに道綱（九五五〜一〇二〇）を生んだことから付けられたものです。

この道綱が女に送ったラブレターと、女からの歌の内容が、道綱母の記した『蜻蛉日記』には何通も克明に記されています（下巻）。

しかし、これらの手紙や歌は「母の指導のもとに詠んだか、あるいはおそらく母が代作したのであろう」（新編日本古典文学全集『蜻蛉日記』頭注）とも言い、私もそれに同感です。

が、息子に代わって、あるいは息子自身が詠んだにしても、その恋歌や女からの返歌も日記に記すというのは、現代人の感覚では考えにくいものがあります。

この時、道綱十八歳。当時の結婚適齢期ですよ。思春期の子って、そういうの、いちばん親に知られたくないじゃないですか。

携帯電話もない昔、こそこそ公衆電話で好きな人に連絡していた十八歳のころの私なら、「やめてーーーー!!」と叫んでいたでしょう。

しかも、あとで触れるように、この日記、世間に公表することが前提で書かれ、実際、世に流布していたんですから……。

といっても実は、平安中期、ラブレターの返信を親がするというのはありがちなことで、『源氏物語』でも、明石の入道が娘に代わって、源氏に返事を書いています。

「結婚」の意味が今とは違うとはいえ、戦国時代の政略結婚などと違って、平安時代は恋文のやり取りをした上での結婚です。それでいて親の介入もあるので、こういうことが起きるのですが、自分の手紙が相手の親や、その他の人に読まれることが嫌なのは、当時の人も変わりません。

道綱と文のやり取りをした女も、道綱の背後に彼の母がいることに気づいていたのでしょう、

「風が吹けば空に乱れる蜘蛛の糸みたいに、手紙が散ると知りながら、返事を書くことなどできません」（〝蜘蛛のかくいとぞあやしき風吹けば空に乱るるものと知る知る〟）

と、自分の書いた手紙が道綱以外の人の目に触れると知りながら、返事などできないと訴えています。

道綱と女がその後どうなったのか、女の素性などについては今となっては分からずじまいです。

道綱は毒親育ち

分かるのは、『蜻蛉日記』を読む限り、道綱母は間違いなく毒母で、息子の道綱はかなり可哀想な育ちをしているということです。

そもそも道綱母の夫・兼家には複数の妻がいた。

道綱母との結婚時、誰が正妻と決まっていたわけではないにしても、当時の政治の具として欠かせぬ女子を生んだことなどから、藤原時姫が正妻(『尊卑分脈』第二篇には〝妾〟とありますが)に定まったと考えられます。

けれど、一夫多妻の当時、兼家にはほかにも通う女がいた。

その影は、道綱母が道綱を生んだ時からあって、不安になった道綱母は時姫と歌をかわしたり、新たに兼家が通い始めた女の家を突き止めたりしています。そして、この女の生んだ子が死んだと知ると、

「今こそ胸がすっとした」(〝いまぞ胸はあきたる〟)

と快哉を叫びます。

こういう正直なところ、自分の心のマイナス部分を見つめて描き出すところに、この日記の面白さ、作者の魅力があるのですが……。こんな母を持った息子はたまったものじゃない。

相変わらず、たまにしか来ない兼家の、

「すぐ来るね」（〃いま来《こ》むよ〃）

という口癖を、片言のお喋りができるようになった数えで三歳の幼い道綱が、聞き覚えてしきりに真似をする、などと日記に書かれてしまう。

小さいころから両親の男女の部分をもろに見せつけられ、十二歳の時、父母が大喧嘩した時は、父・兼家にわざわざ呼ばれ、

「もう俺はここに来ないからな！」

などと捨てゼリフを浴びせられる。そんな道綱は母のもとに来て、

〃おどろおどろしう泣く〃（上巻）

というから哀れです。

というか、そういうことがすべて母の日記に書かれてしまうんですから……。

子ども扱いしながら依存する毒母

道綱母に特徴的なのは、息子の道綱をいくつになっても〝幼き人〟と呼んでいることです。

父に捨てゼリフを吐かれて大泣きした十二歳の時はもちろん、十六になっても十七になっても〝幼き人〟と呼び続けます（中巻）。

しかもその〝幼き人〟に依存しているということが、道綱が十七歳の折、夫と険悪さを増して、いよいよ山寺に籠もった時のくだりで分かるのです。

この時も可哀想な道綱は、父・兼家に、

「だいたいお前がだらしないから」

と怒られ、それを母に訴えて、

〝泣きにも泣く〟ということになる。そして、

「父上をお送りします。こちらには二度と来ません」

と、母に啖呵を切って出て行くものの、

「父上をお送りしようとしたら、『お前は呼んだ時に来ればいい』と言って帰ってしま

われました」

と、しくしく泣きながら戻って来る。

こんな環境で育てば、そりゃあ、しっかりもしないし、精神不安定にもなりますよ。

この時、道綱母は、十七にもなる道綱を依然として〝幼き人〟と書く一方で、〝頼もし人〟とも書いていて、依存心をあらわにしています。

「この子を〝頼もし人〟にしているのに、二度と来ませんなんて、ひどいことを言う」

と、息子のことばにショックを受けている。結局、道綱は父にも見捨てられた形で、泣く泣く戻ってくるわけですが。

毒親が子に依存するというはっきりとしたサンプルが、ここにはあります。


ほんと、道綱、可哀想です。

ラブレターをさらされ、夫婦喧嘩に巻き込まれ、父には怒られ母には依存され、あげくの果ては母親につき合わされて、山寺で精進料理を食べ続け、激ヤセ（〝いといたく痩せ〟）する。そのあいだにも、

「ひと思いに死んだほうがいい身なのに、あなたのことが気がかりで、今日まで生きて

いるんだから」（〝ひた心になくもなりつべき身を、そこに障《さは》りていままであるを〟）などと恩着せがましく言われ、一方では、道綱母の叔母が来るわ、姉妹が来るわ、遠い親戚も来るわ、騒ぎはどんどん大きくなっていく。

結局、世間体を考えた兼家は使者を寄越し、それでも動かぬ道綱母のもとに、時姫腹の十九歳の長男・道隆を遣わして、しまいには兼家本人の登場となって、やっと道綱母は帰京するわけです。

『蜻蛉日記』は元祖「セレブの暴露本」

そんな母の子の道綱は、被害者以外の何ものでもありません。

こうしたことが逐一、千年以上あとの我々に分かるのは、道綱母がこの日記を公表したからです。

そもそもの日記執筆の動機が、

「世間にあふれる古めかしい物語の一端なんかを見ると、いい加減な作り話でさえもてはやされるんだから、人並みでない身の上を日記の形で書けば、珍しがられることでしょう。天下のセレブとの結婚が、本当はどんなものなのか、尋ねる人がいたら、答の一例にでもしてちょうだいよ」（〝世の中に多かる古物語《ふるものがたり》のはしなどを見れば、世に多かるそらごとだにあり、人にもあらぬ身の上まで書き日記《にき》して、めづらしきさまにもありなむ、天下《てんげ》の人の品高きやと問はむためしにもせよかし〟）

てんですから。

要するに、道綱は、夫婦の暴露本を出した女を母に持っているんです。

この文脈からも分かるように、道綱母自身はセレブ階級（大貴族）出身ではありません。受領階級（中・下流貴族）出身だったのが、美貌の評判で玉の輿的な結婚をした。急速な階級移動というのは成り上がるにせよ落ちぶれるにせよ、人に大きなストレスをもたらし、時に自分の欲求達成の手段として子どもを利用するようになることが知られていますが（エリオット・レイトン『親を殺した子供たち』）、道綱母の場合、それに加えて夫は浮気性なんですから、毒母になるのもある意味、無理はないかもしれません。

しかも道綱母にとって、道綱は腹を痛めたただ一人の我が子。夫の訪れが間遠な中、彼女の関心は道綱一人に集中する。道綱母は、姉妹や使用人と同居していたので、母一人子一人ではないにしても、道綱にとってはさぞ重い母だったでしょう。

❖道綱母関連系図

『蜻蛉日記』『栄花物語』『尊卑分脈』による

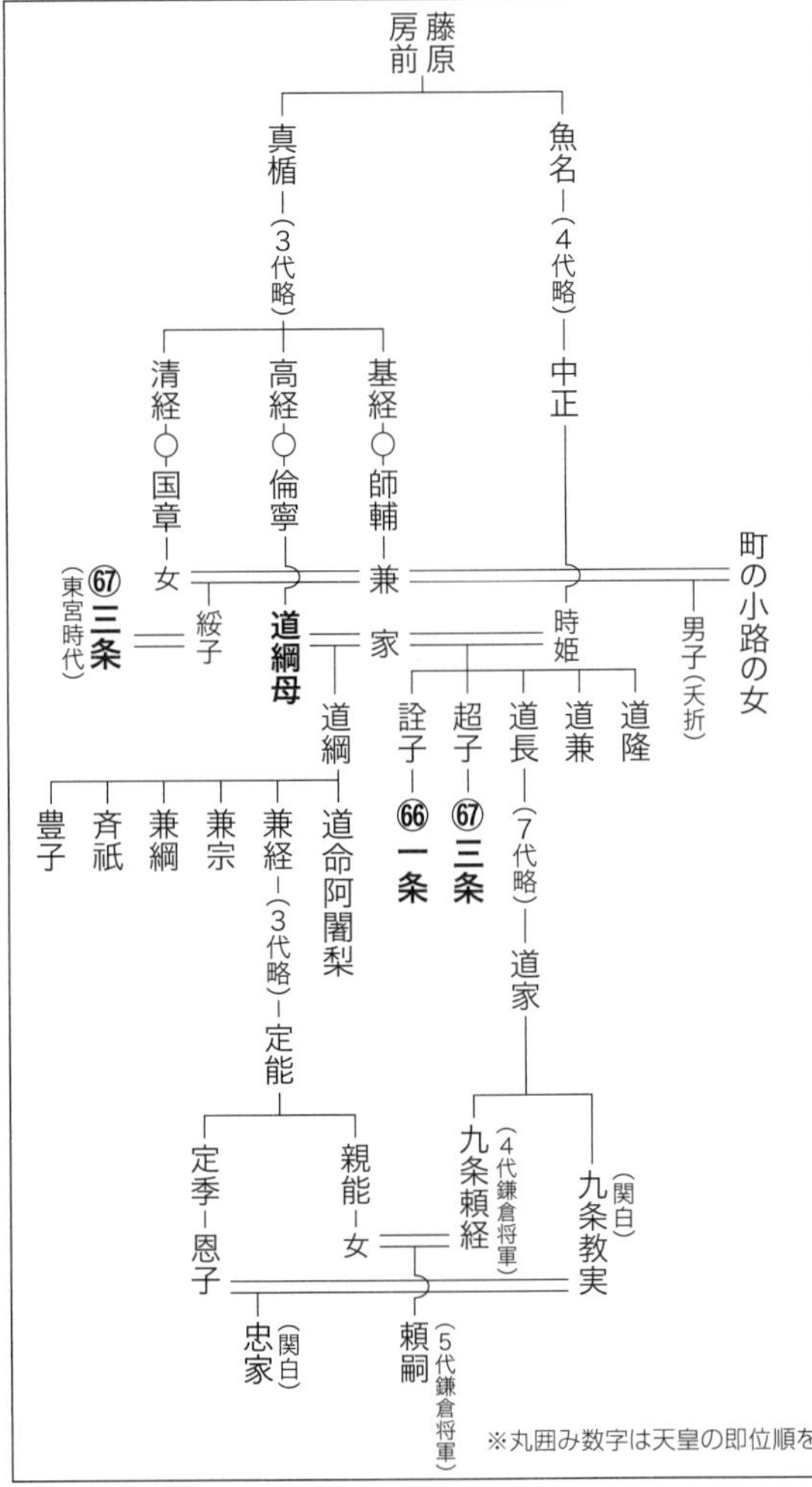

※丸囲み数字は天皇の即位順を示す。

ちなみに、道綱が得た最高の官職は大納言。

異腹の兄弟たちが内大臣や関白に出世したのに比べるとぱっとしませんが、子孫はそれなりに栄え、その美声を梵天、帝釈までもが聞きに来たという道命阿闍梨《どうみょうあじゃり》（『宇治拾遺物語』巻第二）や、四代鎌倉将軍・藤原頼経の妻となって五代将軍・頼嗣を生んだ親能女、九条教実の妾となって関白・忠家を生んだ恩子等々、父祖以上の栄達を果たした者たちもいます〈系図〉。だからといって道綱の苦労が癒やされるわけではありませんけどね……。

第十章　やり過ぎる母(二)

息子のための訴訟日記だった『十六夜日記』阿仏尼

『十六夜日記』は息子のための訴訟日記

鎌倉時代の阿仏尼（一二二二から一二二四～一二八三）も、やり過ぎ感のある母です。

阿仏尼は、紀行文学の『十六夜日記』の作者として有名ですが、実はこの日記、夫・藤原為家（一一九八～一二七五）の死後、阿仏尼腹の為相（一二六三～一三二八）と阿仏尼の継子の為氏（一二二二～一二八六）が土地の相続で争い、その訴訟のために阿仏尼が京からはるばる鎌倉に下った時の旅行記なんです。

為家は、かの有名な藤原定家の嫡子、歌壇の重鎮です。

彼は、阿仏尼と出会う前、すでに為氏や為教（一二二七～一二七九）といった成人した子がいました。阿仏尼も男女二人の子持ちでした。それが一二五三年ころ、つまりは阿仏尼が三十から三十二歳のころ、五十六歳になっていた為家と馴染みになって、定覚(父については異説あり)、為相、為守(一二六五〜一三二八)を生みます。そして、為家の子の一人、源承の『和歌口伝』十によれば、阿仏尼は、

「自分に名誉と名声が備わることを狙って」(〝みづから名望あらん事を思ひて〟)

為家の家に伝わる和歌文書類をすべて自邸に運び出し、

「為氏は心が狭くて同腹の弟さえ和歌の道から遠ざけている。まして庶腹の末弟たちに見せてやることなどすまい」

などと称して、為氏の末弟たちを呼び集め、女主人然と振る舞うのを、夫の為家も「狸寝入りして」(〝そらねぶりして〟)黙認していたといいます。

しかも為家は、いったん為氏に譲った所領「細川庄《ほそかわのしょう》」を、阿仏尼腹の為相に与える譲り状を作成してしまう。当時は「悔い返し」といって、譲った財産も親の都合で取り戻すことができたのです(『御成敗式目』〈一二三二年制定〉で認定)。

それで為家死後は、この細川庄の相続を巡り、阿仏尼腹の子の為相と、先妻腹の為氏が争うこととなり、一二七九年、為相の母の阿仏尼が鎌倉幕府に訴えに行ったというわけです(ちなみに為氏の母方祖父の宇都宮頼綱は歌人としても名高く、定家の百人一首

は頼綱の依頼により書かれた色紙歌がもとになっていると言われています)。

阿仏尼が訴訟旅行をした一二七九年と言えば、当事者の息子の為相は十七歳。早熟なイメージのある昔の人ですが、前章の道綱を見ても分かるように、母から見ればまだまだ〝幼き人〟という感じだったのでしょう。息子に代わって、母の阿仏尼が乗り出したわけです。

というか、この過程を見ると、為家がいったんは為氏に譲った土地を、為相に譲ると言い出したのも、阿仏尼にせがまれて……という可能性も有り、です。阿仏尼が主導していたからこそ、訴訟も自分で行ったのではないでしょうか。

そんな彼女は両親の名も知られておらず、どういう出自の人かも分かりません。簗瀬一雄によれば、母が再婚したためか、受領階級の平度繁《たいらののりしげ》が養父となった(『校註 阿仏尼全集 増補版』解題)。若かりしころは高貴な男と恋愛・失恋したらしく、その手記が『うたたね』というタイトルで残されているものの、相手が誰かは不明です。

で、先の『和歌口伝』によると、為家のもとには、阿仏尼だけでなく、〝美《み》の〟という妹も身を寄せて、阿仏尼の生んだ為相の世話をしていた。そして姉妹ともども、病の為家を放置して、

「頼りにならない青侍二人のほかは、為家の病を気にかける者は誰もいない」（〝いふがひなき青侍二人の外は病をかへりみる者なし〟）

というんですから、「後妻業の女」ということばが頭に浮かんでしまいます。為家の主要財産である和歌文書類と領地を我が物にしたあげく、当の為家の病も顧みなかったわけですから……。

しかも『十六夜日記』では、為家の家は歌道の家として「代々、栄誉の名が世間に聞こえている家」で、自分はその家に関わって三人の男子共々、「百千の歌の古い資料」を管理する身となった、為家が「歌道を盛り立て、子を育て、私の供養をせよ」と、すべてを任せてくれたのに、〝深き契《ちぎり》〟で譲られた細川庄を取られては、歌道も家も維持できない、と主張している。

貴重な歌道の家を、異腹の長男ではなく、ぜがひでも自分の血を分けた子に継がせたいという強い執念が感じられるのです。

勝訴の陰に娘あり

とはいえ、阿仏尼は二十五歳近くも年上の男とのあいだに三人も子をなしているので、

「後妻業」というのは言い過ぎかもしれません。文学的才能のある彼女は、婚家に伝わる膨大な歌の資料を我が物にしたいという思いに加え、腹を痛めた子に財産を残そうと必死だったのでしょう。

結局、阿仏尼と為氏の存命中には訴訟は解決しないものの、最終的には阿仏尼の言い分が認められ、細川庄は為相のものとなります。

ここからすると、阿仏尼に正当性があると当時の人は判断したようにも思えるものの、阿仏尼には、後深草院に寵愛されて姫宮を生んだ娘・紀内侍《きのないし》がいる。この娘に、為相と為守のことを、

「親身に庇護していただきたい旨」（〝育《はぐく》み思《おぼ》すべき由〟）

こまごまと書いて依頼していたのです。そして娘からは「弟たちのことは任せて！」とばかりの頼もしい歌（〝思ひおく心とどめば故郷の霜にも枯れじ大和撫子〟）が来ている（『十六夜日記』）。

勝訴の陰には、院につながる娘のコネなどもあったのではないか。

確かなことは分かりませんが、鎌倉幕府の八代将軍・久明親王は、娘の生んだ姫宮の異母兄弟ですし、ほかならぬ為相の娘がこの八代将軍の妻の一人となって子をもうけて

❖阿仏尼関連系図

『十六夜日記』『和歌口伝』『尊卑分脈』による

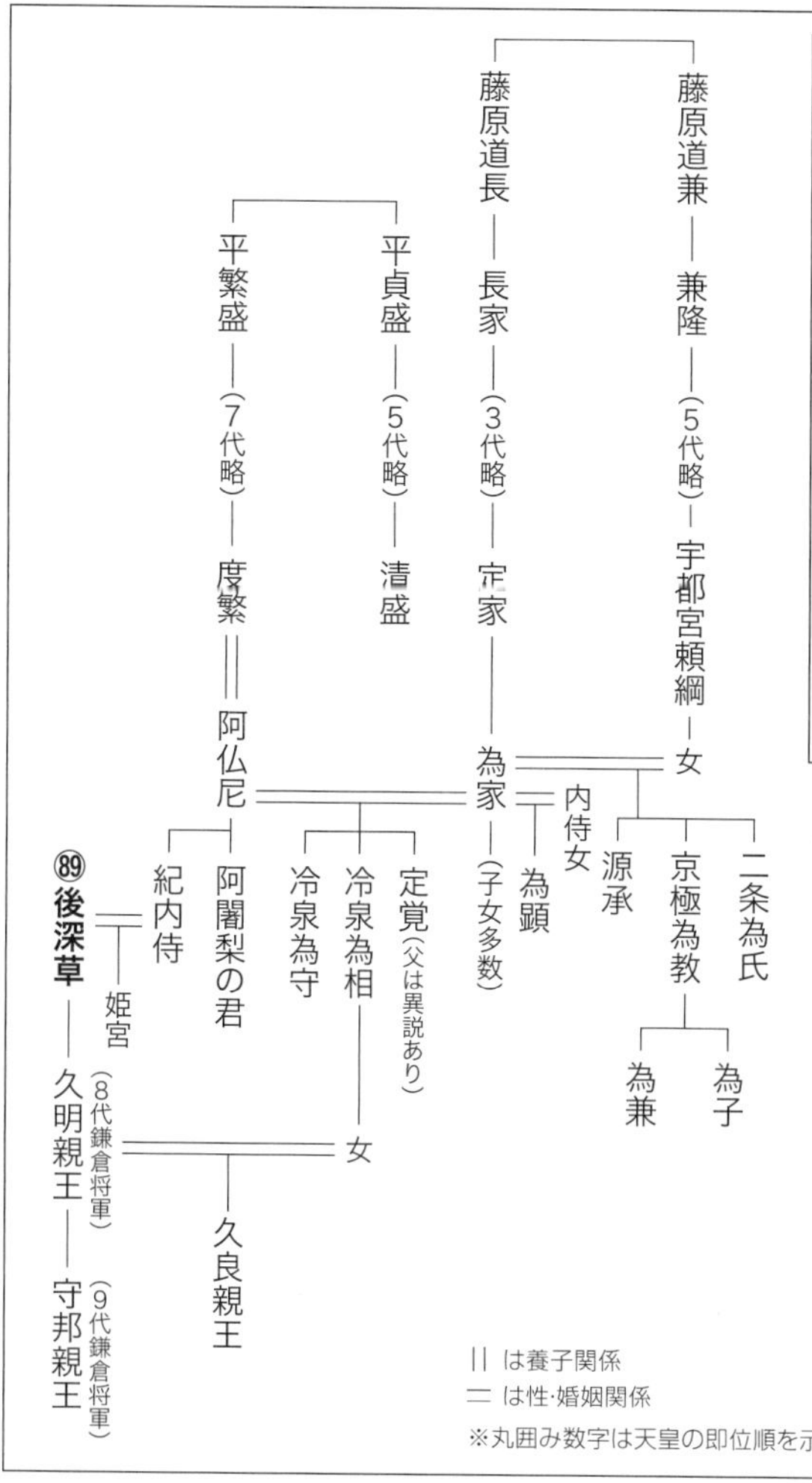

います。為相には鎌倉方に強いコネがありました。こうしたコネにより、細川庄が為相のものになった可能性もあると思うのです。

結果は阿仏尼の望み通りになったわけで、為相としても母に感謝こそすれ、恨むことはなかったかもしれません。そのあたりの為相の気持ちは分かりません。が、一つ言えることは、為相が母の多大な影響を受けているということです。

阿仏尼は、為氏とは争っていたものの、その弟・為教の子の為子や為兼とは文のやり取りをしており（『十六夜日記』）、為相もまた甥っ子の為兼とは仲良くしています（新編日本古典文学全集『中世和歌集』所収「為相百首」作者説明）。手を組んだ、と言うべきでしょうか。

色々とやり過ぎる母のせいで、異母兄と敵対することになった為相ではあるものの、のちには彼自身も訴訟には加わっていますし、母に似た頼もしい異父姉といい、娘の縁といい、女に助けられながら、まずまずの人生だった可能性もまた、有り、です〈系図〉。

第十一章　子を呪う親
我が子との主導権争いの果てに先立たれた後白河院

子は親を選べない

子は親を選べません。非力な状態で生まれてきた子を、多かれ少なかれ、親は支配しコントロールします。そして思い通りにいかないと、怒りを感じる。それが極端になると、子を捨てたいと思い、場合によっては殺意を抱く……。

そうしたことはレアケースであって親子関係の本質ではないはず、親は子を命よりも大切に思うのが本当だろう……という反論があるかもしれません。レアケースであるのは確かにしても、ならばなぜ、神話には洋の東西を問わず、子捨て・子殺しの話が多いのか。

ギリシア神話のゼウスの父・クロノスは自分の父の性器を切り取ったあげく追放し、

権勢を独り占めするために我が子を呑み込んでしまうし、メディアは夫の裏切りに怒って罪もない我が子を殺してしまう。

日本神話でも、国土を作ったイザナキ・イザナミは、最初に生まれた子をぐにゃぐにゃの水蛭子《ひるこ》だというので葦船に入れて流し捨ててしまうし、イザナミの産道を焼いて生まれた火の神は父のイザナキに斬り殺されてしまいます（↓第一章）。

こうした神話には、親離れ・子離れの寓意もあるでしょう。だとしても、当時の人が犯罪者のそれとしてでなく、「神や貴人の所業としてあり得ること」として許容できたからこそ、そこに親子関係に関する何らかの真実があると思えばこそ、こういうことが語られるのではないか。

その意味で、応神天皇の事績が綴られる『古事記』中巻の末尾近くで語られるイヅシヲトメノ神を巡る兄弟の争奪神話は興味深いものがあります。

イヅシヲトメは、神功皇后の母方の先祖である新羅の王子がもたらした八種の宝がそのまま八柱の神として祀られた、その神の娘なのですが……。

彼女を巡る婚姻譚が、実はひどい毒母の話なのです。

年長の子を呪う母

イヅシヲトメの多くの求婚者たちの中にアキヤマノシタヒヲトコとハルヤマノカスミヲトコという兄弟がいて、兄のアキヤマが弟のハルヤマに、

「俺はイヅシヲトメに求婚したがダメだった。お前はあの女を妻にできるか？」

と言った。弟は、

「簡単だよ」

と答えたので、兄は、

「もしもお前があの女を妻にできたら、上着も下着も脱いでお前にやって、背丈と同じ深さの酒を甕に造ってやるよ。それに山や川の幸を残らず用意する。賭けようぜ」

と言った。

弟が兄のことばをそっくり母に告げると、母は藤蔓で一晩のあいだに衣と褌《はかま》と下沓《したぐつ》と沓《くつ》を縫い、さらに弓矢を作って、それらをハルヤマに着せて乙女の家に行かせた。すると衣と弓矢はすべて藤の花となり、それをハルヤマが乙女のトイレに懸けたところ、乙女は不思議に思って花を持ち帰った。ハルヤマはそのあとをつけて、部屋に入ってそのまま乙女とセックスした（〝婚《あ》ひき〟）。そして一人の子が生まれた。

かくて弟・ハルヤマが兄・アキヤマに「俺はイヅシヲトメを得た」と告げると、兄は腹を立てて、賭けた品々を渡そうともしない。

弟が母に訴えたところ、怒った母は、その地にある伊豆志河《いずしのかわ》の河島の一節竹《ひとよだけ》を取って目の粗いカゴを作り、その川の石を取って塩に混ぜて、竹の葉に包んで、こう弟に呪詛させた。

「この竹の葉が青いように、この竹の葉が萎《しお》れるように、青く萎れてしまえ。また、この潮が満ち干するように、満ちて干からびてしまえ。また、この石が沈むように、沈み臥せってしまえ」（〝此の竹の葉の青むが如く、此の竹の葉の萎《しな》ゆるが如く、青み萎えよ。又、此の塩の盈《み》ち乾《ふ》るが如く、盈ち乾《ひ》よ。又、此の石の沈むが如く、沈み臥せ〟）

そう呪いをかけさせて、カゴを煙の上に置いた。

そのため兄は八年ものあいだ、干からび萎《な》えて病み、痩せ衰えた。そこで兄が泣いて母に許しを請うと、母はすぐに呪いに使った品々をもとの場所に返させた。すると兄の体はもとのように健康になった。

毒親あるある「きょうだいの仲を裂く」

この『古事記』の話にどんな感想を抱かれたでしょう。

私は「毒親あるある」と感じました。

毒親関連本には、親の「呪い」ということばがよく出てきます。「どうせダメよ」というような親のことばが呪いのように自分の行動や考え方を縛るという、いわば「洗脳」状態になることを意味します。

親によるこうした洗脳状態が、先の神話には具体的に描かれている。

母は、同じ腹を痛めた子でも、下の子（弟）には献身的に尽くし、上の子（兄）にはいじめとも言える仕打ちをします。

このように、どちらか一方を猫可愛がりし、どちらか一方に残酷な仕打ちをするというのも「毒親あるある」です。毒親は意識してかしないでか、子が親にだけ依存するように、きょうだい間の分裂を図ります。だから、毒親の子どもたちは仲が悪いことが多いのです。

兄が弟に挑発的な賭けを持ちかけたあげく約束を破ったのも、幼いころから母が弟ばかり可愛がるために、憎しみと嫉妬が弱い弟に向けられたのでしょう。

弟だけが母に可愛がられ、女を得て子をもうけた。弟ばかり良い目を見て……という怒りのあまり、賭けの約束履行どころでないのは無理もありません。

あげく、黒魔術さながらの母の呪いを受ける。しかも母自らは手を下さず、弟に兄を呪わせる。きょうだい仲を積極的に壊しにかかっているのです。結果、兄は、

〝青み萎えよ〟

〝盈ち乾よ〟

〝沈み臥せ〟

という母の教えたことば通りに、すっかり衰弱して臥せってしまう。

毒親育ちは、幼いころから毒親の理不尽な言動に振り回されていて、親にコントロールされやすく（他人にもコントロールされやすい。新興宗教などにもはまりがちだし、DV被害者にもなりがち）、親の言動に異常なまでに影響されます。親に電話で否定的なことを言われただけで、一週間くらい気分が低迷して立ち直れなかったりもします。

兄の症状はそうした反応を示していると私は考えます。これは、「母の呪い」に呪縛されて衰弱していく子の物語としても読めるのです。

そしてここからが肝心なのですが、そんな母の呪いの被害者は兄だけではありません。

いつでも母に相談しなければ事を運べず、母の教え通りに兄に呪いをかけ、兄に憎まれ

る弟もまた被害者です。

母に助けてもらう癖のついた弟は、母が死んだらどうなるのか。自分の力で人生を切り拓いていけるのか。

そもそも彼とイヅシヲトメの結婚は不意打ち過ぎやしないでしょうか。イヅシヲトメの思いも気になります。

受け手にさまざまな「読み」をゆるす神話は、本当に奥深い。そこには人の世の一つの真実が描かれているのです。

権力者の下の子びいきが招いた争乱

イヅシヲトメへの求婚話に登場する親が母だけなのは、古代日本社会では基本的に子は母方で育ち、男が女のもとに通う妻問婚《つまどいこん》が多いからです。この母は〝御祖《みおや》〟とも呼ばれていますが、『古事記』に出てくる〝御祖〟は「すべて母の意」です（新編日本古典文学全集『古事記』頭注）。

古代日本では母の影響力が強いわけで、私が母方の血筋を辿った「女系図」（『女系図でみる驚きの日本史』『女系図でみる日本争乱史』参照）を作ったゆえんです。

それが武士の時代になると、父の存在が目立ってきます。

武士が台頭したのは平安時代も末。後三条天皇の母が皇女であったことが、きっかけです。長らく藤原氏に独占されていた天皇の母方による外戚政治から、引退した天皇＝太上天皇（上皇、院）が権力を握る院政に移り変わったのです。

院による政治＝院政が本格的に始まるのは、後三条の子の白河院からで、この白河院が、従来の摂関貴族（大貴族）ではなく、中流貴族や武士を重用しました。

その際、基盤固めのためにしていたことが、近臣に妻を下げ渡すことであるというのが私の考えです。

歴史には天皇や上皇が妻を臣下に譲るということがあって、有名なのが安見児《やすみこ》という名の采女を得た藤原鎌足。本来、天皇だけが関係を結べる采女を、天智が鎌足に与えたのは、彼の忠誠心を期待してのことでしょう。

白河院も愛妾の源師子を摂関家の藤原忠実に下げ渡したり、祇園女御（もしくはその周辺の女房）を新興勢力の平忠盛に与えたり、またお手つきで養女の藤原璋子を藤原忠通に下げ渡そうとしたりしました。もっともこれは忠通の父・忠実の反対にあって、孫の鳥羽に入内させることになったのです（拙著『女系図でみる日本争乱史』参照）。

一一五六年、鳥羽院の死の直後に勃発した保元の乱の関係者たちは、白河院から下げ渡された女を母に持っており、忠盛の子の清盛、鳥羽院の子の崇徳は、共に白河院の落胤と伝えられています〈系図〉。

そしてこの乱は天台座主の慈円が、「武士の世」（〝ムサノ世〟）の始まりと評したことで名高い（『愚管抄』巻第四）。

慈円の分析によれば、乱の原因は支配者たちの親子関係です。

「世を治める太上天皇（上皇、院）と前関白が、共に兄を憎み、弟をひいきして、こんな世の中の最大事を行った末に起きたのが保元の乱である」（〝世ヲシロシメス太上天皇ト、摂籙《せつろく》臣ノヲヤノサキノ関白殿、トモニ、アニヲニクミテヲト、ヲカタヒキ給テ、カヽル世中ノ最大事ヲオコナハレケル〟）

と『愚管抄』巻第四にはあります。

天皇家では鳥羽院が上の子の崇徳院を憎んで下の子の後白河天皇をひいき（〝カタヒキ〟）した。一方、摂関家でも藤原忠実が上の子の忠通を憎み、下の子の頼長をひいきした。上流階級での親子関係、親のひいきが、時運に重なり、日本国に戦乱を巻き起こ

❖後白河天皇関連系図

『今鏡』『古事談』『平家物語』『尊卑分脈』による

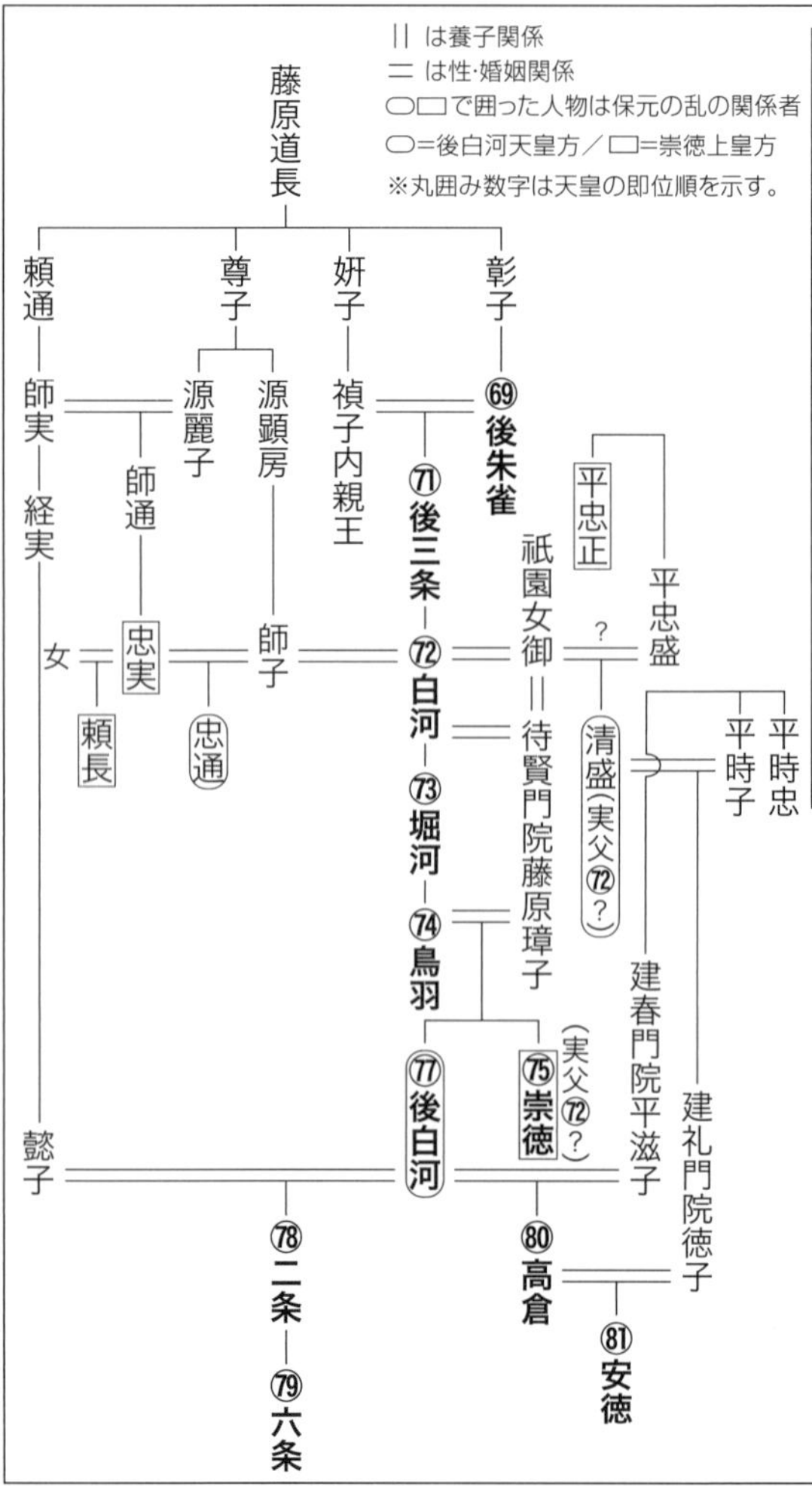

したわけです。

毒親ってほんと、争いを生みだしがちです。

結果、後白河天皇側が勝利して、崇徳院は流罪、頼長は戦死、頼長に味方した父の忠実は失脚、天皇方についた平清盛は敵となった叔父の忠正を処刑、源義朝も父の為義を処刑せざるを得なくなりました。この争いの恨みに、譲位して太上天皇（上皇）となった後白河院の近臣の対立が加わって勃発したのが一一五九年の平治の乱です。

源義朝と組んだ藤原信頼は信西（一一〇六〜一一五九。藤原通憲）を殺すものの、平清盛らに敗北して斬死。

ここで平家の勢力が一気に増します。

実在したリアル「呪う親」

この平治の乱後、後白河院と子の二条天皇とのあいだで、政権争いがありました。院は息子に対抗するため清盛を重用しましたが、それでも一一五九年から一一六二年までは、父子で意見の交換をして仲良く事に当たっていました（『愚管抄』巻第五）。

ところが一一六二年、院が天皇を呪っているという噂が立つ。それは噂にとどまらず、現実に天皇の似姿を描いて上賀茂神社で呪っていたことが目撃され、「神に仕える男」（〝カウナギ男〟）を捕らえて調べたところ、院の近習のしわざであることが明らかになったのです。

以来、院と天皇は対立関係となり、そこを清盛は〝アナタコナタ〟して（院と天皇の両方に気を配って）、乗り切ったこともまた有名なエピソードです。

後白河院と二条天皇の父子関係は、日を追うごとに悪化。

一一六四年、院が蓮華《れんげ》王院《おういん》（三十三間堂《さんじゅうさんげんどう》）を建立し、二条の行幸を望んだ時も、二条は気にも懸けぬどころか、寺役人の行賞に対しても勅許を下さなかったため、院は目に涙を一杯に浮かべ、「いやはや、何が憎くて、何が憎くて……」（〝ヤ、、ナンノニクサニ〳〵〟）と仰せになった。後白河院と二条天皇の不仲は『平家物語』にも描かれていて、「天皇は院の仰せをいつも覆していらした」（〝主上、院の仰せを常に申しかへさせおはしましける〟）とあります。

ここだけ見ると二条のほうが「毒子」ですが、院は息子の二条を呪っていたのです。院が呪わないまでも、院の近臣が呪っていた。院の御所に「二条さえいなければ」という空気がなければ、こうしたことは起こりません。『古事記』の母神の呪いは神話ですが、こちらは実在の人物によるものであるだけに、恐ろしさもひとしおです。

そんな親の呪いが効いたのか、二条は一一六五年七月、二十三歳の若さで崩御してしまいます。

『愚管抄』によれば、二条が「御母は誰とも定かではない」皇子（六条天皇）に皇位を譲った直後の死でしたが、この六条は一一六八年、早くも位を降ろされ、清盛の妻・時子の妹の滋子腹の後白河院の皇子（高倉天皇）が即位します。

院はこの高倉天皇の父として院政を開始することになるものの、初めて天皇家の外戚となった平家の栄華は頂点に達し、やがて清盛は目障りとなった院を幽閉、院政を停止させてしまいます。平家の専横と言われるゆえんですが、平家にしてみれば、天皇の外戚として権勢を振るっていた藤原氏にならっただけでしょう。やはり平家腹の幼い皇子（安徳天皇）を皇位につけた清盛は、高倉院の院政をゆるすはずもなく、院は様ざまなストレスにより、二十一歳の若さで崩御することになります。

後白河院は、二条、高倉と、二人の子を二十代前半で失うわけです。

高倉院もまた、後白河院という毒父と、平滋子（建春門院）という平家の期待を押しつける毒母に殺された子と見ることができます。

そして平家こそ、エリオット・レイトンのいう急激な凋落やにわか成金といった極端な階級移動――そこから生じた不安が人種差別や性差別、少年の非行をうむことが数多くの研究で実証されている――をした一族です（→第三章）。

その周辺に「自分の欲求達成の手段として子供を利用する」（『親を殺した子供たち』）毒親が多いのは、思えば当然でしょう。

第十二章　『平家物語』の毒母・毒祖母㈠　とぢと祇王、磯禅師と静御前

ステージママの毒

『汐の声』という山岸凉子の漫画があります。

「十七歳の霊感少女サワ」は世間からはインチキと思われながら、「ママ」の意向で仕事を続けさせられたあげく、幽霊屋敷のテレビ番組のゲストの一人として参加するものの、昔、そこで母を殺したもと子役スターの霊とシンクロして、取り憑かれて死んでしまうという話です。その、もと子役スターが「やり手のステージママ」であった母親を殺した理由というのが凄まじく、興味のある方はぜひ購入してお読みになることをお勧めします。

このステージママのどこが怖いって、己が欲望のためには子の人生をぶち壊しにしてしまうところですが、それでもなお子は母にすがり、母を頼みにしていたことが悲しく

も恐ろしく、史上最恐の毒親漫画と私は思っています。

こうした怖いステージママがけっこう出てくるのが『平家物語』です。

その一人が巻第一の祇王、祇女《ぎにょ》という名高い白拍子姉妹の母である〝とぢ〟。白拍子というのは男の格好をして舞い踊る遊女、と言っても当時の遊女の地位は高く、今で言うなら芸能人です。

とぢも娘らと同じく白拍子でしたが、祇王が清盛（一一一八〜一一八一）に寵愛されたため、母のとぢにもいい屋敷が与えられ、毎月米百石（一万五千キログラム）と銭百貫が贈られたので、家中富み栄えて豊かなことこの上ありませんでした。

実は清盛は「積極的に中国貿易を行い、銭を輸入」（高木久史『通貨の日本史』）、政権の支えとしたことが知られています。中世の一貫を現代の金に換算するのは難しいものの、「一〇万円から二〇万円」（本郷恵子『中世人の経済感覚』）とすると一千万円から二千万円ということになります。毎月それだけの金額が贈られたら、そりゃあ豊かに決まってます。

そんな成り金暮らしが三年続いたころ、またしても都に白拍子のスターが現れたのです。

地の神を表す、祇という文字を名に持つ祇王に対抗したのでしょう、ニューフェイスは仏《ほとけ》という名の十六歳。

今も昔も芸能界は浮き沈みが激しいんですね、次々といい若い子が出てくる。この仏が、

「私は天下で名が上がったが、今をときめく〝平家太政《へいけだいじやう》の入道殿〟からお召しがないのは残念だ。芸能人だもの、不都合はない、自分から押しかけてやろう」

と考える。遊行して芸を見せる白拍子の彼女は、清盛のもとに芸を見せに赴くのです。

若い娘に奪われた愛妾の座

清盛は「なんで呼びもしないのに。しかも祇王もいるのに」と追い払ったものの、祇王の取りなしで仏が舞ったところ、すっかり心移りした清盛は、祇王を追い出し、やがて毎月の米と銭の支給も止めてしまいます。

清盛に捨てられた祇王のもとには、ここぞとばかり、文を寄越して言い寄る者もいましたが、それにつけても祇王は悲しくて涙に沈んでばかりいた。

そんな祇王のもとに、明くる春、清盛から久しぶりに使者がありました。

「仏御前が退屈そうなので、今様でも歌って舞って、慰めに来い」

と。清盛の勝手な言い分に、祇王が返事もしないでいると、

「なぜ参らぬのか。こちらにも考えがある」

と清盛が怒りだします。それを聞いた祇王の母・とぢは、

「ねぇ祇王御前、とにかくお返事だけでもしなさいよ」

と優しくさとしますが、祇王は、

「行くつもりはないから返事のしようがない」

とつっぱねます。すると、とぢは打って変わって強い口調で、

「お天道様の下に住もうとする限り、入道殿の仰せに背いてはならぬぞ」

と切り出し、

「あなたは三年間も入道殿のご寵愛を受けたじゃないの。ありがたいお情けではないか。参上しないからといって命まで取られることはあるまい。ただ都の外に追放されるのだろう。追放されてもあなたたちは若いからどんな岩木の狭間でも生きていけようが、〝年老い衰へたる母〟が都の外に出されたら、馴れぬ田舎住まいなど想像するだけでも

悲しい。ただ私に都の中で一生を過ごさせておくれ。それこそが現世はもとより来世につながる〝孝養〟（親孝行）だと思うのだよ」

と、懇願する。

それで祇王は泣く泣く清盛のもとに参上し、はるか下座で屈辱的な扱いを受け、果ては出家に至るのです。

子に罪悪感を抱かせながら支配する

脅しすかしの駆け引きは、やはり踊り子に対するマネージャーの趣。

そして今で言う毒親です。

とぢは自身も白拍子だったとはいえ、娘・祇王の評判には及ばなかったでしょう。それが娘は同じ道で大成し、権力者の庇護を受けることになった。とぢとしては、娘で自己実現したわけで、さぞ誇らしかったに違いありません。そうしていい暮らしをしてきたところが、娘はパトロンに捨てられ、家まで追い出されそうになった。それで娘の気持ちも顧みず、清盛のもとに行かせたわけですが、結局、祇王は嫌な目を見させられ、こう言って母を恨みました。

「親の命には背くまいと、つらい道に赴いて、またしても嫌な目に遭った。もう嫌だ。こうして生きていればまた嫌な目に遭う。もう身投げする」

それを聞いたとぢは、

「本当にあなたが恨むのも当然だ。そんなことが待ち受けているとも知らず、説教までして行けと勧めた自分が情けない」

と娘の気持ちに寄り添うそぶりを見せながらも、

「あなたが身投げするなら妹の祇女も身投げすると言う。二人の娘に死なれたら、〝年老い衰へたる母〟は、生きていても仕方ない。私も一緒に身を投げよう。まだ死期も迎えぬ親に身を投げさせることは、〝五逆罪〟に当たるんじゃないの？　この世は仮の宿。恥をかいても何でもない。ただ死後の世界の長い闇がつらい。この世はともかく、あの世でさえ、あなたが親殺しの罪で〝悪道〟に赴くと思うと悲しいよ」

と、妙な理屈を展開する。

このへん語り物なので、ことばの綾もあるとはいえ、娘が身投げしたら自分も死ぬ、それは親殺しも同然、親殺しは仏教では最も重い五逆罪に当たる、あなたは無間地獄に堕ちてしまうだろう、それが悲しい……とは、何とも巧妙な話法というか、娘に「親不孝の罪悪感」と「堕地獄の恐怖感」を抱かせつつ、死ぬのを思いとどまらせようとしている。しかも〝年老い衰へたる母〟と哀れっぽく繰り返すことで、自分が被害者の位置につこうとしているのです（もちろん本当の被害者は娘ですよね）。

娘に死んでほしくないからとはいえ、子に罪悪感を抱かせながら支配するという典型的な毒親の手法が、ここにあります。

かくて祇王一家は出家の道を選び、嵯峨の山里で庵を結びます。そこへ、諸行無常を悟った仏御前が訪れ、女四人、往生の素懐を遂げたということで話は締めくくられます。

孫を敵に差し出した祖母

四人が住んでいた庵は「祇王寺」として今も嵯峨野にあるとはいえ、伝説的要素も強い白拍子たちですが、一方、間違いなく実在した白拍子といえば静御前。

『平家物語』ではただ〝静〟と呼ばれる、源義経（一一五九〜一一八九）の愛妾です。

彼女は『平家物語』では巻第十二の「土佐房被斬《とさぼうきられ》」でちょっと出てくるだけ。有名な、

〝よし野山みねのしら雪ふみ分けていりにし人のあとぞこひしき〟

〝しつやしつしつのをだまきくり返し昔を今になすよしもがな〟

という歌は、北条氏側による歴史書『吾妻鏡』（一三〇〇年ころ）に出てきます（文治二年四月八日条）。

この静にもステージママ的な母がいました。

と言っても、〝磯禅師〟と呼ばれるその母自身、有名人で、『徒然草』には、娘の静共々、白拍子のパイオニアとして登場します。藤原通憲（信西）が磯禅師に教えた男舞を、静が受け継いだのが〝白拍子の根元《こんげん》（由来）〟というのです（二二五段）。義経は当時、最先端の芸能人とつき合っていたのですから、さぞ鼻が高かったでしょう。

ところが義経が平家を打倒したあと、異母兄の頼朝（一一四七〜一一九九）に追われる身となって、愛妾の静は頼朝の配下にとらわれます。

すると頼朝や妻の北条政子（一一五七〜一二二五）は、せっかく天下の名人がここにいるのだからと、拒む静を召して、鎌倉の鶴岡八幡宮で舞わせる。その時、義経を恋うる歌をうたったので、頼朝は激怒、政子の取りなしで事無きを得た、と『吾妻鏡』は言うのですが、北条側の記録ですから、政子が美化された可能性もあるでしょう。

静はこの時、妊娠六ヶ月でした。生まれた子が女なら生かし、男ならその場で殺してしまおうという算段で、頼朝は静を抑留し続けていました。

生まれたのは男の子でした。

「赤子をこちらへ寄越しなさい」

頼朝の命を受けた使者が言うと、静は赤ん坊を布にくるんで抱いたまま突っ伏し、

〝叫喚数刻〟

泣き叫ぶこと数時間に及んだ。使者がしきりに静を叱り責めたところ、

〝磯禅師殊に恐れ申し〟

母の磯禅師がとくに恐縮し、

〝赤子を押し取りて御使に与ふ〟

赤子を静から無理やり奪い取って、頼朝の使者に与えたのです。こうして赤子は由比ヶ浜に捨てられたのでした（『吾妻鏡』文治二年閏七月二十九日条）。

腹を痛めた我が子を、自分の母に殺される

それから二ヶ月近く経って、静母子はいとまをもらって京都に帰ります。政子と姫君（大姫）がえらく同情し、多くの〝重宝〟を賜りました（『吾妻鏡』文治二年九月十六日条）。

それ以降、二人の消息は歴史から途絶えています。

その後、静はどんな思いで、我が子を〝押し取〟った母の磯禅師と過ごしたのか。孫を見殺しにした磯禅師は、政子がくれた財宝をどんな思いで受け取ったのか。物語も歴史書も黙して語りません。

が、その答は、先の祇王ととぢ母子のやり取りにあるのではないか。

「親の命には背くまいと、つらい道に赴いて、またしても嫌な目に遭った」という祇王の嘆き、「本当にあなたが恨むのも当然だ」という母の悔恨……「死ぬ」「死なない」という言い争いもあったかもしれない。「お前が死ぬなら母も死ぬ、けれど、母が死んだら、お前は母殺しの罪を負うことになる、それが悲しい」といったとぢのセリフなども、むしろ磯禅師のそれと考えたほうが、しっくりきます。

娘の静にしてみれば、母に赤子を奪い取られて敵に渡されたという事実は、一生苦しみのもとになったでしょう。母は私の成功にしか興味がなかったのか、私の気持ちはお構いなしなのか、と。

祇王ととぢの物語は、描かれなかった静御前と磯禅師母子の嘆きに重なっている、と私は考えます。けれど、子を殺された静の悲しみに比べれば、祇王の屈辱感など、ものの数ではありません。静に匹敵するほどの悲痛な思いを経験したのは……と、思いを巡らすと、実は、ほかならぬ平家側にいました。

その名は、清盛の娘・建礼門院徳子（『平家物語』によれば一一五七〜一一九一だが諸説あり）。

彼女もまた、ステージママのような母や父に人生を奪われたあげく、腹を痛めた我が子を、母に殺された娘です。

それも静御前のように間接的にではなく、直接的に殺された娘でした。

第十三章　『平家物語』の毒母・毒祖母(二)　二位の尼と建礼門院徳子

孫を殺した二位の尼

建礼門院徳子は、清盛と二位の尼時子の娘で、安徳天皇の母という、平家の栄華の要《かなめ》にありながら、『平家物語』でも『吾妻鏡』でも、その他の平家関連書でも、驚くほど影の薄い女です。

ただし『平家物語』にあとから付け加えられたとされる「灌頂《かんじょう》」巻だけは別で、そこでは彼女が主役なのですが、それまでは、父母の意向でいとこの高倉天皇（一一六一～一一八一）に入内したり、夫の心を慰めるため、わざわざ美人女房の小督《こごう》を差し上げたり、ほとんど感情がないかのような女として描かれていました。

あげく一一八五年三月二十四日、壇ノ浦での合戦を迎えると、二位の尼時子は、徳子腹の数え八歳の安徳天皇（一一七八～一一八五）を抱きながら、

〝浪の下にも都のさぶらふぞ〟（『平家物語』巻第十一）

と言って深い海に沈んでしまう。

聖徳太子や推古天皇の生きていた古代ならいざ知らず、この時代（平安末期）、天皇はどんな罪を犯したとしても、流罪にはなっても死刑になることはありません。まして安徳天皇はまだ八歳。生きていれば浮かぶ瀬もあったでしょう。

それを時子は、三種の神器ともども道連れにしてしまうのですから――この時、海に沈んだ草薙剣は発見されることはありませんでした――愚かしいことこの上なく、皇室を私物化したと非難されても仕方ありません。

哀れなのは、母の時子に息子を殺される形となった徳子です。海に飛び込みながらも熊手で髪を絡められ引き上げられた彼女は、どんな気持ちだったか。

どんなに母を恨んだことか。

その気持ちが綴られることは、少なくとも当座はありませんでした。

その後の建礼門院の動向としては、一一八九年生まれの慶政上人による『閑居友《かんきょのとも》』（一二二二年）に、一一八六年、大原の徳子を後白河法皇（一一二七～一一九二）がお忍びで訪れた様（下八）が記されています。また、建礼門院に仕えていた右京大夫の家集

『建礼門院右京大夫集』（一二三三ころ）には、彼女が大原を訪ねた際、昔は六十人以上の女房たちにかしずかれていた徳子が、別人のように衰えた墨染め姿で、わずかに三、四人ばかりの女房が仕えるだけだった様が報告されています。

兄と妹の性的な噂

『平家物語』にあとから付け加えられた灌頂巻では、それ以前の無口な建礼門院とは別人のように、二千字ぶっ通しの「六道之沙汰」、仏教でいうところの六道（地獄道・餓鬼道・畜生道・修羅道・人間道・天道）すべてを自分は経験したと彼女は語っています。が、灌頂巻と同じタネ本に基づくといわれる『閑居友』の先の記事には、そうした話がないことから見ても、六道巡りはのちに仏教者が加えた「お説教」でしょう。

その「六道之沙汰」でも、安徳天皇を思う気持ちは語られても、母・二位の尼への恨みは語られません。ただ、生きて六道の苦しみ——天上界のような栄華とそれを失う天人五衰のような苦しみ、一族別離という人間界の苦しみ、海上戦での飢餓という餓鬼道の苦しみ、戦争という修羅道の苦しみ、二位の尼が安徳天皇を抱いて海に沈んだ時の人々の阿鼻叫喚の地獄道の苦しみ、夢に二位の尼が現れ「今は龍宮城にいるが龍畜経にあるようにここにも苦はある」と言った畜生道の苦しみ――を味わったことが、涙と共に語られるだけです。

二位の尼が我が子を抱いて海に沈んだことが地獄で表現されているのは、それが徳子にとって最もつらい出来事だった……と、『平家物語』の作者も受け止めていたからでしょう。

実は、この中の畜生道のくだりは、『平家物語』の異本『源平盛衰記』では、奇怪なことが書かれています。

徳子には、兄の宗盛や、敵将の義経と性的な噂があり、

「それを畜生道にこじつけられたのです」（〝畜生道に言ひなされたり〟）

と、徳子自身が渋々打ち明けるという設定です（巻第四十八）。

あたしの子じゃない

同書はまた、敗戦後、京を引き回される宗盛を見物する〝乞者《かたゐ》の癩人《らいにん》法師共〟のことばとして、

「宗盛内大臣殿のことで忌まわしい噂を聞いているんだよ。清盛がまだ在世中から、宗

盛は妹の建礼門院とデキていた。それで生まれた子を、高倉院の皇子と言いつくろって、皇位におつけしたそうだよ」

と、まことしやかに語っています。そんな忌まわしい血筋だから帝位を保つこともできず、こんな騒動が起きた、というのです（巻第四十四）。

のみならず、なんと二位の尼時子が、壇ノ浦で「今はこれまで」と一門の最期を覚悟した際、

「実は宗盛は夫の子ではない」

などと告白するくだりがあるのです。といって不倫の子でもなく、

「私の子でもない」

と。〝弓矢取る身は男子こそ宝よ〟と夫・清盛に言われたにもかかわらず、生まれた子が女だったから、清水寺の笠売りの子と交換してもらったのだ、そんな子だからきっと見苦しいこともあるだろう、というのです（巻第四十三）。

宗盛がどんなことをしてもあたしは知らない、だってあたしの子じゃないから、という、宗盛のぶざまな最期を見越しての責任逃れのセリフです。

ここまでくるとメチャクチャで、百パーセント作り話に違いありませんが、こんなマ

ヌケな、そして宗盛にとっては残酷な告白をし得るキャラクターとして、二位の尼がとらえられていたことが興味深いのです。

無能な野心家を母に持つと

物語や歴史書の伝える二位の尼時子は、無能な野心家という印象で、慈円による史論書『愚管抄』では、娘の徳子を高倉に入内させた際、皇子を生ませて一族繁栄するように、日吉社に百日祈願したものの効果がなく、夫の清盛が、

「そなたが祈っても効き目がない。見てなさい。俺が祈って効験を出すぞ」

と、厳島神社に祈ったところ、六十日後に徳子は懐妊、安徳天皇が誕生したといいます（巻第五）。

また、九条兼実の日記『玉葉《ぎょくよう》』によれば、高倉院が瀕死の際、朝廷との関係を保つため、舅の後白河院に徳子を入内させたらどうかという案が持ち上がり、清盛も二位の尼も〝承諾の気色〟があった。けれど徳子が出家すると抵抗したため、代わりに徳子の異母妹の御子姫君《みこのひめぎみ》（一一六四～？）が入内することになったのでした（『玉葉』治承五年正月

❖徳子関連系図

『平家物語』『源平盛衰記』『吾妻鏡』『尊卑分脈』による

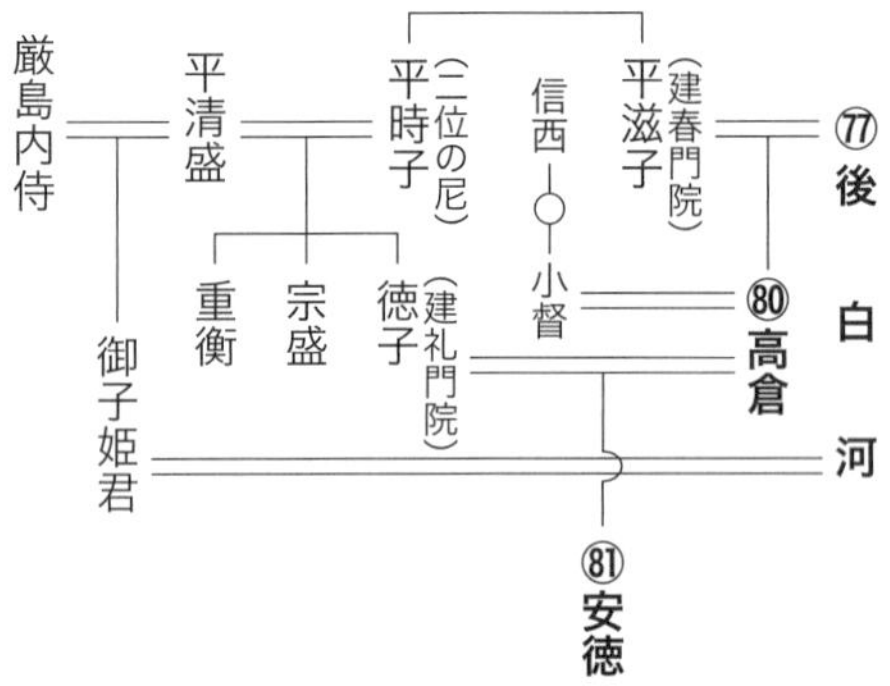

※丸囲み数字は天皇の即位順を示す。

十三日条）〈系図〉。

徳子にとって後白河は夫の父親。徳子の気持ちを考えれば、こんな案を打診などしないはずなのに、それをした。そして拒まれると、当時十八歳だった、徳子の異母妹の御子姫君を五十五歳の後白河に入内させたことは歴史的事実です。高倉院が一月十四日に崩御し、一月二十日に御子姫君が後白河に入内、実際に御所に入ったのは二十五日とはいえ、高倉院の死からまだ二週間も経っていませんでした。

ここには、権勢のためには、子の気持ちも、婿の気持ちも、一切考えない、非情な権力の亡者がいる。

　それでいて、時子は愛児の重衡（一一五七〜一一八五）が生け捕られた際は、彼とひきかえに三種の神器を渡せという後白河法皇の言い分をのもうとし、長男の宗盛に諫められると、

「二度とつらい思いをしないよう私を殺してください」

と、〝をめきさけび〟という醜態を見せます（『平家物語』巻第十）。

　まぁこのあたりは『平家物語』ですから、話半分に受け止めたほうがいいとはいえ、助かるはずの孫の安徳幼帝の命を巻き添えにしたことは動かぬ事実です。

　時子には、やはり「無能な野心家」ということばがふさわしい。

　そんな無能な野心家を母に持ったばっかりに、政争の具にされ、夫がまだ生きているうちにその父への入内を勧められ、あげくの果ては子を巻き添えにされ殺された徳子……。今から見れば凄まじい毒親育ちです。

　では、有能な野心家の母なら良いのかというと、孫どころか子ども自身が殺されるような目に遭うことを、敵方の北条政子が物語っているんですよね……。

第十四章　子も孫も使い終われば抹殺　北条氏の最強最悪な毒親たち

『吾妻鏡』は嘘だらけ

公文書偽造が問題になったことがありますが、北条氏による歴史書の『吾妻鏡』は、鎌倉時代の基本史料ながら、嘘が多いことで有名です。

そもそも『吾妻鏡』は公文書というより、「鎌倉末期幕府政権の中核にあった者が、鎌倉末期の御家人たちに読ませようとして書いたものだと思われる」（奥富敬之『吾妻鏡の謎』）。

北条氏の栄華は、周知のように政子（一一五七～一二二五）と源頼朝（一一四七～一一九九）から始まります。

政子は伊豆の流人時代から夫の頼朝を支え、二代将軍頼家（一一八二～一二〇四）と三代将軍実朝（一一九二～一二一九）を生み、彼らの死後は尼将軍として御家人たちを束ねた。そんな政子を補佐していたのが弟の義時（一一六三〜一二二四）で、その子孫である北条得宗家《とくそうけ》は、有力御家人を粛清し、専制政治を展開します。そんな鎌倉末期、得宗専制の正当性を御家人たちに示すために書かれたのが『吾妻鏡』なのです。

そのため源氏三代に関しては批判的で、二代頼家は御家人の愛妾を奪ったり、蹴鞠に入れ込んだりするダメ将軍、三代実朝も和歌にかまけるダメ将軍、初代頼朝はさすがにツッコミどころがないので異母弟の義経を利用するだけ利用して殺した「冷酷無惨」な将軍として描かれる。

『吾妻鏡』は、「頼朝、頼家、実朝源氏将軍三代はダメなのだ」（奥富氏前掲書）と主張することで、北条得宗家の専制を正当化したわけです。

なので、肝心の記事が抜けていたり、巧妙な印象操作があったりする。

亡き奥富先生は実は私の大学の恩師でもあったのですが、先生曰く、

「とにかく『吾妻鏡』には嘘が多い。それを見つけるのも、『吾妻鏡』を読む楽しみでもある」（同）

というほど。

基本的な史料としては貴重な『吾妻鏡』ですが、北条氏に都合の悪いことは書かなか

ったりねじ曲げたりしているため、真相を知るには、政子らと同時代に生きた慈円（一一五五～一二二五）による史論書『愚管抄』、藤原定家（一一六二～一二四一）の日記『明月記』といった京都側の史料が必要になる仕組みです。

そんなふうにして、政子・義時姉弟、父・時政（一一三八～一二一五）らの事績を見ていくと、源氏を消耗品のように利用しては抹殺していくエグさに震えがきます。『吾妻鏡』には頼朝の死も記されておらず、北条氏による暗殺説もあるほどですが、それを証明するものはありません。

さし当たって、北条氏の犠牲となったことが確実な最初の一人は、政子腹の源頼家です〈系図〉。

ふぐりをとられて殺された二代頼家

頼朝死後、二代将軍となった頼家は、一二〇三年に発病し、弟の千幡（実朝）と、比企氏腹の息子・一幡（一一九八～一二〇三）に地頭職などを譲ります。ところが千幡にも地頭職が分けられていることに怒った一幡の祖父・比企能員が北条氏追討を頼家に提案し、頼家は〝許諾〟した。それを政子が聞きつけ、父・時政に報告。時政は比企能員をおびき寄せて殺害。頼家は出家して、翌年、修善寺で死亡します。

と、ここまではすべて『吾妻鏡』の記事です（建仁三年八月二十七日条・同九月二日条、元久元年七月十九日条）。

一方、京都側の『愚管抄』によれば、頼家は北条氏に殺されているのです。

一二〇三年九月二日、時政の一幡襲撃を知った頼家が、驚いて太刀を取ろうとしたものの、病み上がりで力が入らない。それを、母の政子もすがりつくなどして捕らえ、九月十日にそのまま修善寺に幽閉。同年十一月三日、義時が一幡を捕らえ、郎等に殺させ、翌一二〇四年七月十八日、修善寺の頼家をも刺し殺させてしまいます。それも激しく抵抗する頼家を、

「頸《くび》に紐をつけ、陰嚢を取ったりして殺してしまった」（"頸ニヲヲツケ、フグリヲ取《とり》ナドシテコロシテケリ"）（巻第六）

という残虐ぶり。

『吾妻鏡』が事件から百年近く経って成立したのに対し、『愚管抄』の著者・慈円は、関白をつとめた九条兼実（一一四九〜一二〇七）の弟で事情通な上、当時をリアルタイム

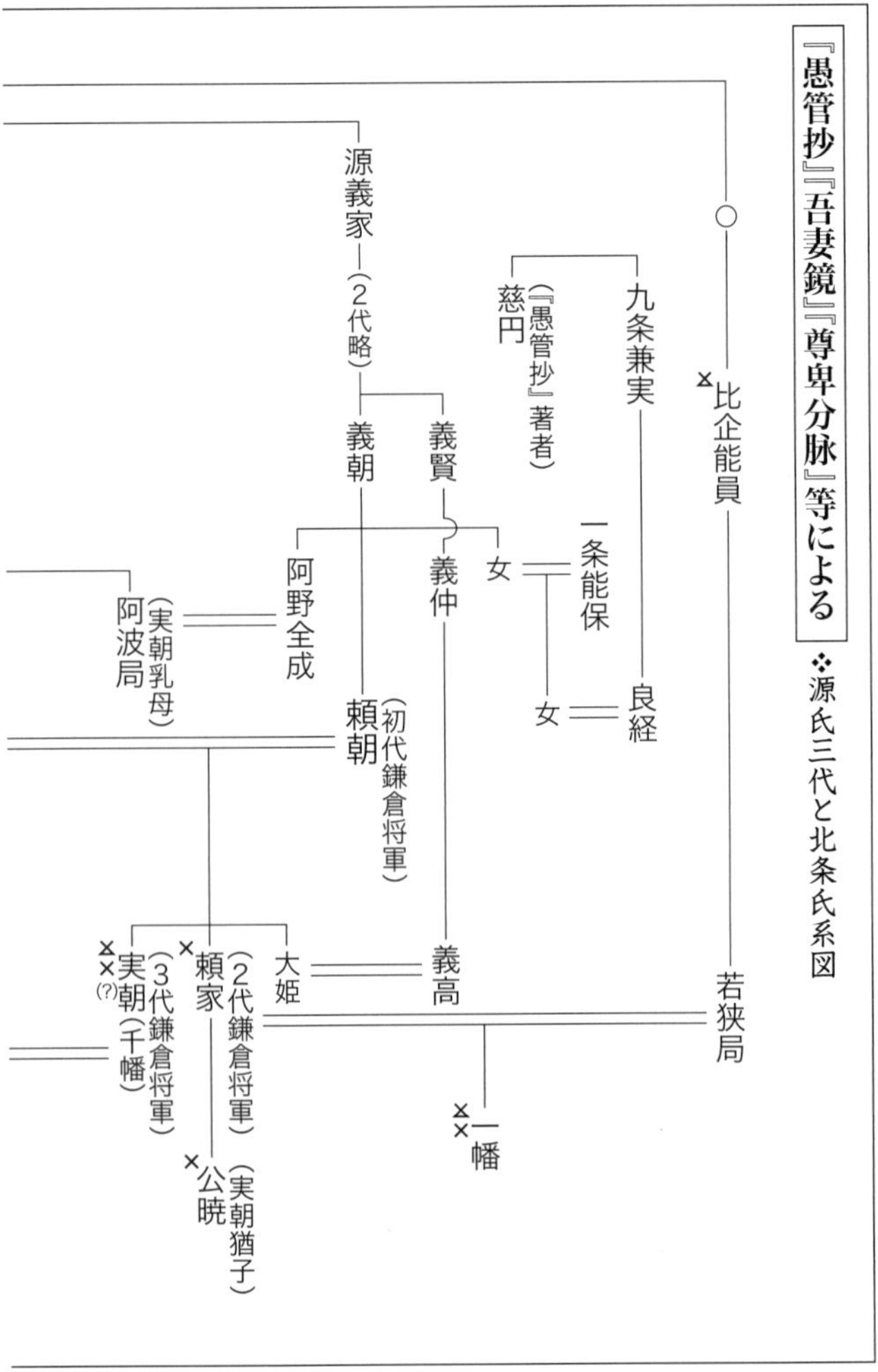
『愚管抄』『吾妻鏡』『尊卑分脈』等による
比企能員
若狭局
一幡
九条兼実
慈円（『愚管抄』著者）
良経
一条能保
女
女
源義家
（2代略）
義賢
義朝
義仲
義高
阿野全成
阿波局（実朝乳母）
頼朝（初代鎌倉将軍）
大姫
頼家（2代鎌倉将軍）
実朝（3代鎌倉将軍）（千幡）
公暁（実朝猶子）
(?)

❖源氏三代と北条氏系図

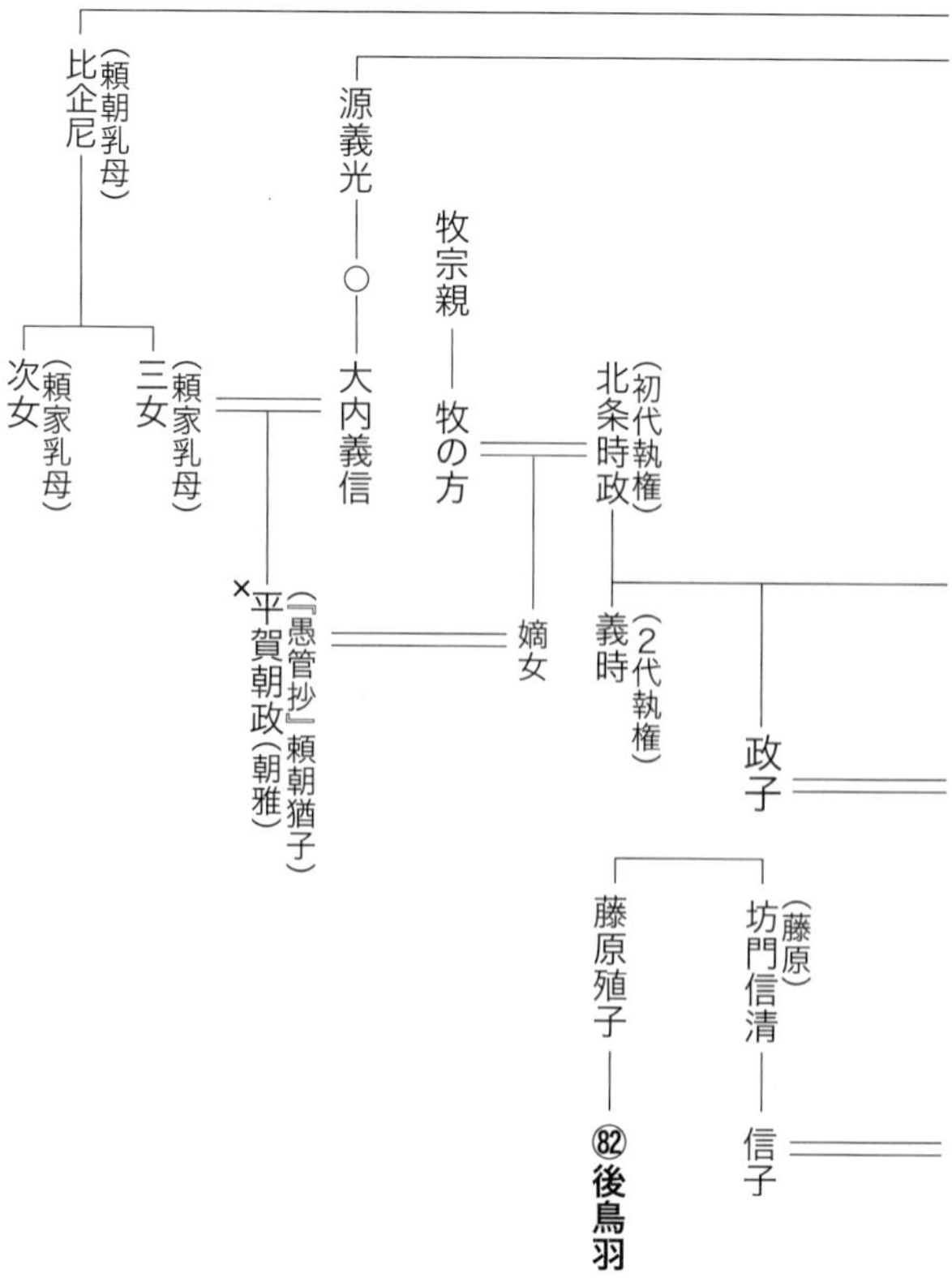

x̲ 北条時政が殺したり襲撃したりした身内（未遂含む）
× 北条政子・義時が殺したり、見殺しにしたりした身内
※丸囲み数字は天皇の即位順を示す。

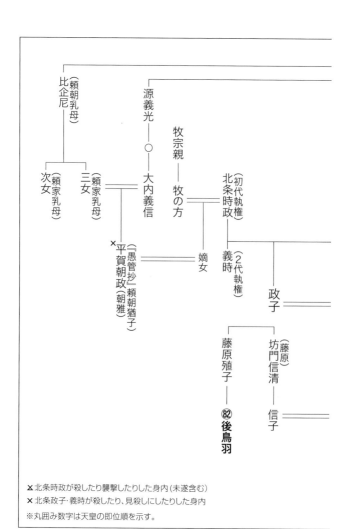

で生きている。記事の信憑性は高く、頼家は母方の北条氏に殺されたことがはっきり分かります。

しかも実の母である政子が、そこでは大きな役割を担っていた……。

生きているうちから亡き者にされていた頼家・一幡父子

衝撃的なのは定家の『明月記』の記事で、それによれば、まだ頼家が存命中の一二〇三年九月七日、幕府の使者が上洛し、

「頼家が没し、子の一幡は時政が討った。弟千幡を跡継ぎにするので、許可してほしい」（本郷和人「本巻の政治情勢」〈『現代語訳 吾妻鏡』7所収〉）

と言ってきた。

頼家の死は翌年一二〇四年七月。この時はまだ死んでいないのに、です。

本郷和人は鎌倉と京都の道程などから、使者が鎌倉を出発した時は、頼家はもちろん、一幡も殺害されていなかったのではないかと言います（同）。頼家の家督相続で緊迫した状況下、武人の比企能員が単身、平服で時政邸にやって来るのも不自然で、「思い切って推測すると、家督相続の話自体が、あとづけの創作だったのではないか」、頼家が

重病になったのを好機ととらえた時政が、「これを機に能員を暗殺してしまおう」と考え、不意打ちしたのが真相ではないか、というのです（同）。

家督相続の話は『愚管抄』にも出てきますから、もしもこの話が北条氏の創作だとすれば、相当巧みな情報操作だなとは思うものの、『愚管抄』には気になることも書かれています。時政が比企氏を襲撃した際、頼家としては、

「自分の出家後は一幡の世になったということで、皆仲良くしていたので、まさかこんなことをされようとは思いも寄らなかった」（〝出家ノ後ハ一萬御前ノ世ニ成ヌトテ、皆中ヨクテカクシナサルベシトモヲモハデ有ケル〟）（『愚管抄』巻第六）

頼家にとって、家督が一幡に譲られたことは既成事実で、北条氏の攻撃は不意打ちだったというのです。

頼朝→嫡子・頼家→長子・一幡と、順当に父系で受け継がれるはずの将軍職を、頼朝→嫡子・頼家→弟・実朝とねじ曲げることで、将軍の外戚の地位が比企氏に移るのを阻止すべく、もっと言うとすでにできかかっていた一幡・比企氏体制を転覆すべく、北条氏がクーデターを起こした可能性も考えられ、本郷氏の説も有りかと思えてきます。

毒父・北条時政を更迭する毒子たち

こうして建仁三（一二〇三）年、頼家と同じく政子腹の千幡（実朝）が三代将軍に就任。政子の父・時政は初代執権となります。

この時政が若い妻（牧の方）をもうけ、その腹に子がたくさんできていた。中でも〝嫡女〟（正妻が生んだ最も年長の娘）は平賀朝政（朝雅）の妻となっていました（『愚管抄』巻第六）。

と、ここで注目すべきは、再婚した時政にとって嫡女は政子じゃないってことです。牧の方は時政の、時の正妻で、その腹の長女こそが〝嫡女〟なんです。しかもこの嫡女の婿である平賀朝政は、頼朝の猶子でもあったと『愚管抄』は言います。猶子というのは養子のようなものですが、相続を目的としないで仮に結ぶ親子関係を指します。これも『吾妻鏡』には見えないことで、結論から言うと、頼朝の猶子を北条氏が殺しちゃったというのはイメージが悪いので、伏せていたのかもしれません。

そうなんです。

この嫡女の婿を、政子や義時らが殺してしまう。

というのも『愚管抄』によれば、時政と妻の牧の方は、三代将軍実朝を討ち殺して、娘婿の朝政を将軍にしようとたくらんでいた。

これを知った政子は、有力御家人の三浦義村に相談の末、時政邸にいた実朝を義時邸に連れて行き、

〝将軍ノ仰《おほせ》ナリ〟（巻第六）

と称して、時政を故郷の伊豆に追いやった。その上で在京の武士に命じ、平賀朝政を討ち殺してしまうんです。

これが一二〇五年閏七月二十六日のこと。

時政失脚後、鎌倉方の最高権力者となったのが娘の政子で、弟の義時が二代執権としてその補佐をする。こうして実朝の世に〝ヒシト〟（しっかりと）なったと『愚管抄』は言いますから、実朝が将軍に就任したとは言っても、この時までは、まだその地位はあやういものだったのでしょう。

男にとって大事なのは実家より妻方＝本家

いや～～北条氏、えげつないです。

とくに父の時政がえげつない。

曾孫（一幡）は襲撃するわ、若妻にそそのかされて、孫（実朝）も殺そうとするわ、こんな父の背中を見ていたら、そりゃあ政子や義時といった子どもたちも、権力のためには身内も殺すようになりますよ。むしろ時政は、子に殺されぬだけましだったんじゃないか。

彼にとって大事なのは将軍ではなく、その外戚となって自分が権力を握ることです。それで一幡の外戚として権勢を振るおうとした比企氏を殺し、さらに実朝政権で自分の存在感が薄くなると、婿を将軍にしようとして、孫の実朝を殺そうとした。

だとしても、なぜ血を分けた孫や曾孫を……と考えた時、時政は牧氏と結婚した時点で、牧氏側の人間になったんじゃないか、と思い至ります。牧氏の婿になったため、牧氏腹の〝嫡女〟の縁故が大事になって、牧氏の血を引かぬ孫や曾孫はもはや他人同然の感覚になったのではないか……。

夫が妻の実家に通うなり住むなりしていた婿取り婚が基本の平安貴族は、妻の実家を〝本家〟と呼んでいたことが『うつほ物語』を読むと分かります（「内侍のかみ」巻）。

一方、東国武士のあいだでは早くから一夫一婦の嫁取り婚が発達したと言われており、政子が頼朝の愛妾のいる屋敷を打ち壊させたことなどから、政子は都式の一夫多妻に馴れていない、都育ちの頼朝とは違うというふうに、北条氏の東国武士ぶりが強調されるのが普通です。

確かにそういう要素は大きい。とくに男女とも、ゆるい性道徳のもとに生きている都人の感覚を政子は理解できなかった可能性があります。が、一方で、平安貴族的な婿取り婚感覚も、とくに頼朝を盛り立てることで繁栄した北条氏には、残っていたのではないか。

婿の頼朝を支え、初代鎌倉将軍に祭り上げ、その外戚として権勢を振るった北条氏は、妻方が婿の世話をし盛り立てることで繁栄していた平安貴族と、やっていることは同じです。頼朝は名門・源氏の棟梁とはいえ、東国で頼みとなるのは妻方で、北条氏も自分たちこそ〝本家〟という感覚があっても不思議はありません。

実は、政子が同じ我が子でも、頼家・実朝といった息子たちには冷淡であるのに対し、娘の大姫（一一七八〜一一九七）のことは可愛がって、娘婿の源義高が頼朝の命で殺された時、激怒したことが私はかねがね引っかかっていました。義高は娘婿とは言え、頼朝と敵対して死んだ木曾義仲の子です。頼朝が殺すのは当然なのに、それで大姫が鬱にな

ると政子は、
「たとえ頼朝の仰せを受けたとはいえ、内々子細を大姫のほうに申すべきだったのに、それをしなかった」
と〝憤り〟、義高を手に掛けた郎等を処刑してしまう。その決定を頼朝も止めることはできなかったのです（『吾妻鏡』元暦元年六月二十七日条）。

娘やその婿に関する政子の発言力が夫をしのぐのは、平安中期、源雅信の妻の藤原穆子が夫の反対を押し切って道長を娘婿に決定したこと（『栄花物語』巻第三）を彷彿させます。東国にあっても、息子はともかく、娘の結婚相手に関する決定権は、なお母親のほうが強かったのではないか（時代は遡りますが、『万葉集』の東歌でも、娘の結婚を母が許す、許さないといった歌が散見します）。

政子の激しい態度も、息子たちはよそ様の婿となる存在、娘は〝本家〟を継ぐ嫡女という平安貴族的な意識があったと考えれば合点がいきます。

政子にしてみれば、義高は大事な嫡女の婿だった。一方、息子の頼家は、比企氏を妻にした時点で〝本家〟比企氏に庇護される人間になる。頼家は乳母も比企氏ですから、母の政子も愛着が湧きにくかったのかもしれません。

牧氏と再婚した時政にしても、平安貴族式に言えば〝本家〟は牧氏になるわけで、若妻とのあいだに生まれた〝嫡女〟の婿や孫（生まれたとしたら）が今度は大事な身内となり、その外戚としての繁栄を求めるようになるわけです。先妻腹の子や孫たちに対する時政の冷たさの裏にはそんな構造があったのでは？　というのが私の考えです。

時政や娘の政子が、血を分けた息子や孫や曾孫であっても、殺したり見殺しにしたりしていたのは、〝本家〟＝妻方の繁栄を目指してのことだった。そう考えると、北条氏のエグい粛清劇も合点がいきます。

実権を振るって殺された三代実朝

頼家にかわって三代将軍となった実朝もまた、北条氏によって暗殺された可能性があります。実朝が殺されたのは、「将軍権力」が最も高まりを見せた時期でした（五味文彦『増補　吾妻鏡の方法』）。

この暗殺劇も非常にあやしいものがあって、実朝が鶴岡八幡宮で、甥でもあり猶子でもある公暁に殺された建保七（一二一九）年正月二十七日、『吾妻鏡』によれば、北条義時は急に〝心神御違例の事〟（精神が乱れること）があって、将軍の御剣役（付添）を源仲章に譲って帰宅しています。しかも源仲章は義時と間違えられて殺されている。ところが京都側の『愚管抄』によれば、源仲章は先導役で松明を振っていたのを義時と間違えられたのであって、太刀を持っていた義時は、実朝に「中門にとどまっておれ」と言われて控えていました。つまりこの時、義時はその場にいたのです(巻第六)。なのになぜ『吾妻鏡』は疑われるようなことを書いたのか。奥富先生によれば、「北条得宗初代の義時が、『中門ニトヾマレ』と命ぜられる程度の存在だったとは、あえて書くことができなかった」(奥富氏前掲書)

北条氏の権勢を正当化するために書かれた『吾妻鏡』に、義時の権威が落ちるようなことは書けなかった、というのです。おかげで義時が黒幕であると後世思われてしまったわけですが……では誰が黒幕だったのか?

『愚管抄』によると、実朝を殺した公暁は、

〝今ハ我コソハ大将軍ヨ〟

と三浦義村に言っており、それを義村は義時に報告。公暁は、実朝の首を持って義村のもとに向かう途中で、義村の手の者に討たれます(巻第六)。

ここからすると結局、黒幕は北条義時でしょう。将軍権力を拡大させた実朝の力をく

じくため、北条氏が三浦氏を味方に引き入れて、「刃」をむけたのだという五味文彦の説に同感です（五味氏前掲書）。

北条氏は将軍独裁に走る実朝を廃し、宮将軍を朝廷から下してもらうことで（後鳥羽上皇に拒否され、最初は摂家将軍ですが）、政治を思いのままにしたかったのです。

唐船で国外脱出しようとした実朝の詠んだ親子の歌

こうして見ると、北条政子は毒親というのもさることながら、〝本家〟＝北条氏の繁栄にこだわるあまり、息子たちが結婚すると、彼らを妻方の人間として容赦なく切り捨てた権勢欲の塊と思えてきます。

そんな政子を子どもたちがどう見ていたのかは知る由もないものの、『吾妻鏡』によれば、実朝は、死の三年前の一二一六年、唐船で日本を脱出しようとしていました。宋人の陳和卿から、自分の前世は中国の医王山の長老であったと聞いたため、医王山を拝もうと目論んだのです（建保四年六月十五日条・同十一月二十四日条）。

計画は失敗するとはいえ、将軍の身で日本を捨てて中国に渡ろうとは、しかもその理由が前世に住んでいた医王山を拝むためとは、立場をわきまえぬ無責任さで、執権北条義時や大江広元といった大人たちが諫めたのは言うまでもありません。が、それは「源氏将軍三代はダメ」（奥富氏前掲書）と主張することで、北条得宗家の権勢を正当化しようとする『吾妻鏡』の言い分であることを忘れてはいけません。

実朝は、家集の『金槐和歌集』を見る限り、歌才あふれる優しく聡明な若者でした。

〝世の中はつねにもがもななぎさ漕ぐあまの小舟《をぶね》のつなでかなしも〟（『金槐和歌集』）は、実朝に和歌の指南をしたことでも名高い藤原定家の「小倉百人一首」にも入っていますし、

〝おほうみの磯もとどろに寄する波われて砕けて裂けて散るかも〟（同）は教科書でもおなじみです。

中でも心惹かれるのは「慈悲の心を」という題のある歌です。

〝ものいはぬよものけだものすらだにもあはれなるかなや親の子を思ふ〟（同）

「物言わぬ四方の獣すらも、心打たれるなぁ、親が子を愛する心は」の意で、「まして人は」と解釈するのが普通でしょうけれど……。

北条氏の粛清劇を見ていると、「なのに人は」という含意があったように思えてなりません。

第十五章　仏教界は要らない子の巣窟だった？
父に捨てられた弁慶、子を見捨てた親鸞

カルトの問題は突き詰めると親子問題

事故物件サイトで有名な大島てると、もとオウム真理教幹部の上祐史浩のイベントに行ったことがあります。上祐氏は服役後、宗教団体アーレフの代表となるも脱会、今は哲学サークルひかりの輪の代表をつとめていますが、その上祐氏が「カルトの問題は突き詰めると親子問題だ」と言っていたのが印象的でした。

カルトと伝統仏教を一緒にしてはお叱りを受けることを承知で言うと、前近代の仏教界もまた、親子関係に問題のある人たちが多く集まっていました。

法師になることの意味は、時代によって異なり、平安中期には藤原定子のように尼になってからも夫・一条天皇に愛されて皇子女を生んだり、平安末期には後白河法皇のよ

うに出家後も院政を行って平氏打倒を目論んだりする人もいました。

けれど一般的には、出家は一種の自殺行為であり、それゆえに延命行為でもあって、ここに親子関係が絡むと、親子の断絶や子捨てという意味合いにつながる、ということがありました。

『落窪物語』には、母と口論になって「法師になります」と脅す息子や、親の手前、我が身のふがいなさが恥ずかしくてならず、「尼にでもなろうか」と嘆く娘が登場します（→第七章）。現実にも、藤原道長の子の顕信が十代の若さで出家すると、母の源明子は頭が真っ白になる（〝ものもおぼえたまはず〟）ほどの衝撃を受け、父の道長も泣く泣く顕信に会いに行き、

「この私を恨めしく思うことでもあったのか」

と問いつめています（『栄花物語』巻第十）。出家が自殺の代替行為であるために、親はここまでうろたえたのです。

顕信の出家は世をはかなんでのことですが、一方で父の道長は、病になると出家しています。その際、導師の僧都《そうず》が、

「現世ではご寿命が延び、来世では極楽の最高位に生まれ変わるでしょう」（〝現世は御

寿命延び、後生は極楽の上品上生《じやうぼんじやうしやう》に上らせたまふべきなり〟）（『栄花物語』巻第十五）

と言っていることからしても、当時の人が出家に延命効果を期待していたことが分かります。社会的な死と、だからこその延命効果を合わせもつ出家は、しばしば弱者や敗者の生き残り手段としても使われています。乙巳の変で蘇我氏が滅びたあと、蘇我氏の奉じていた古人大兄皇子が出家して吉野に入ったのはその例です。

鎌倉初期の宇都宮頼綱は、北条氏に対して謀反の意志がないことを示すため出家した上、会おうとしない北条義時への〝陳謝〟として髻《もとどり》を献じています（『吾妻鏡』元久二年八月十六日条・同十九日条）。

今も芸能人などが、社会に対するお詫びのしるしに頭を丸めて坊主にするのなども、こうした出家の持つ意味合いと関係があるかもしれません。

捨て子は罪にならなかった

このように、古代から中世にかけての出家は、建前としては「社会的な死」を意味していました（後白河法皇など、出家後に政治活動を盛んに行った人たちはいるにしても、です）。

その出家の道を、意志とは関わりなく選ばされた人たちがいました。捨てられるはずの子どもたちです。

そもそも前近代には捨て子はとんでもなく多く、犬公方として名高い五代徳川将軍綱吉が一六八七年、捨て牛馬、捨て病人と共に禁止するまでは、罪になりませんでした。しかも禁止後も依然として捨て子が多かったことは、沢山美果子の『江戸の捨て子たち』の紹介する『日本帝国統計年鑑』のグラフを見れば分かります。明治十二（一八七九）年でも捨て子は五千人以上いました。当時の人口は三千五百万人ですから、人口当たりで計算すると、現代の約二百七十七倍もいたのです。

まして捨て子が罪にならなかった江戸時代以前は、寺や長者の門前に捨て子がいるのは珍しいことではなく、古典文学でもイザナキ・イザナミ夫婦が最初に生まれた子は脚の立たないぐにゃぐにゃな子だからと流し捨てたのをはじめ、枚挙にいとまがないほど捨て子が登場します（拙著『本当はひどかった昔の日本』参照）。

親にとって要らない子、親が育てられない子、親のない子など、養育を放棄された子は捨てられていたわけですが、そこまでいかずとも親にとってワケありの子に待ち受ける運命が、出家だったのです。

要らない子は法師にされた

実は私、前近代の法師のイメージや、法師になったいきさつに興味がありまして、昔からファイリングしていたんですが、これがほんとにひどいんです。

弁慶は、生まれた時から髪も歯もたくさん生えていたので〝鬼神〟と見なされ、父に殺されそうになったのを、哀れんだ叔母がもらい受け、

「出来が良ければ元服させて夫の三位殿に差し上げましょう。悪ければ〝法師〟にして、経の一巻でも読ませれば、親の供養にもなるでしょうよ」

と、叔母の手元で育てられます。けれど六歳の折、〝疱瘡《もがさ》〟（天然痘）にかかって、ますます色黒で容貌魁偉になったので、結局、法師にされたと伝えられています（『義経記』巻第三）。弁慶は平安末期の人。『義経記』は室町時代に作られたフィクションですから、信憑性はあまりないものの、当時、要らない子は法師にされていたことをこの話は浮き彫りにしています。

現実にも、親に不要の子と見なされ、殺されそうになったあげく、法師になったと伝えられる高僧はかなりいる。

和泉式部の導師としても知られる性空上人（九一〇〜一〇〇七）は、母が〝堕胎之術〟を求め、〝毒薬〟を服したものの効果がなく、生まれた子といいます（『性空上人伝』）。母はそれまでのお産がいずれも難産だったため、ひそかに中絶しようとしたのです。性空上人の場合、幼時に出家を志したのに父母は許さなかったと言いますから、これが事実なら無理に法師にされたわけではないのでしょう。が、子ども時代から衆に交わらず、十歳で師について法華経を学んだというのは、母から要らない子とされた過去が関係しているのではないか。

ほかにも後三条天皇の信任厚かった成尊僧都（一〇一二〜一〇七四）は、仁海僧正とある女房が密通してできた子だったのですが、「この子が大きくなれば、密通が世間にばれる」と恐れた母親が、嬰児に水銀を飲ませ、命は助かったものの、その後遺症として〝其の陰全《まった》からず〟（性器が未発達）となった。それで〝男女において一生不犯の人〟（男も女も生涯、犯したことのない人）となった、と言います（『古事談』巻第三）。〝男女において〟不犯というあたり、男色オッケーの当時の日本の仏教界の実態をも物語っています。

高僧には奇瑞譚がつきもので、反権力で名高い増賀上人（九一七〜一〇〇三）も、乳母が居眠りをしていたために馬上から落下したと伝えられ（『大日本国法華経験記』巻下）、先の説話も話半分くらいに受け止めたほうがいいとは思うものの、法師なら親に殺されかけた過去があっても納得だ、親に殺されかけたからこそ法師になったのだ、という共通認識があったからこそ、これらの説話が説得力を帯びたのであろう、と私は考えています。

女色・男色に溺れた一休、自分の屎を信者の求めに応じて飲ませた一遍

このように前近代、とくに戦国時代ころまでの法師というのは、ワケありの子、端的に言えば、誕生を祝福されなかった子がなることが多いものでした。

とんちで名高い一休宗純（一三九四～一四八一）が、後小松天皇（一三七七～一四三三）の子とされながらも、幼時に受戒して法師となったのは、母の身分が低い劣り腹ゆえでしょう。そんな一休さんが女色・男色にふけったあげく、七十七歳の時、二十代後半の森女という盲目の女性と出逢って愛欲に溺れたのもよく知られた話です。

信西の孫の貞慶などは、幼いころに法師のもとに預けられたまま放置されていたため、出家後、母に手紙を出すと、「そんなこともあった」と母が存在を思い出したとか（『古

事談』巻第三）、空也上人の左腕が折れていたのは、幼いころ、怒った母に腕をつかまれ投げられたせいだとか（『宇治拾遺物語』巻第十二）、法師に関してはやばい話が数えきれぬほど伝わっています。

それで世間の人からも侮られ、

「法師は聖人といっても、とんでもないひねくれた嫉妬心が深くて嫌らしいものだから」（〝法師は聖《ひじり》といへども、あるまじき横さまのそねみ深く、うたてあるものを〟）（『源氏物語』「薄雲」巻）、

「法師ほど欲深い者はない」（〝法師ほどに欲深き者なし〟）（『沙石集』巻第十末ノ十二）

などと言われる。

捨て鉢になる向きも少なくないのか、盗む・犯す・放火するといった法師も珍しくなく、武装した僧兵なんてのもいたわけで、今の人が抱きがちな悟ったイメージとは程遠い存在だったのです。

その根底には、そもそも親に歓迎されない子であったという親子の問題が横たわっている。

それで元オウム真理教幹部の上祐氏の「カルトの問題は突き詰めると親子問題だ」と

いう話に戻るんですが、いわゆる「鎌倉仏教」は、できた当初は危険な宗教としてとらえられていた、いわばカルト視されていたものも少なくありません。

新旧仏教界を批判した『天狗草紙』（十三世紀末）によれば、踊り念仏で知られる時宗の信者は、開祖の一遍上人（一二三九〜一二八九）の尿を薬として飲んでいたようで、

〝あれ見よ。尿《しと》乞う（ふ）者の多さよ〟

〝これは、上人の御尿にて候、万《よろづ》の病の薬にて候〟

と記されて、その奇妙な信仰が揶揄されています。

日蓮宗の日蓮（一二二二〜一二八二）が、法華経以外の教えは邪教とする過激な論を展開して佐渡に流罪になったのは有名な話ですし、浄土宗を興した法然（一一三三〜一二一二）は、元関白九条兼実の信認を得て、その得度の師となったりしたものの、門弟が後鳥羽院の女房たちと夜、逢うなどしたために流罪となっています（問題の門弟らは死罪）。

兼実の弟で、天台座主の慈円によれば、法然の教えは「愚痴無知の尼入道どもに喜ばれ」、臨終の際も人々は極楽往生の奇瑞を期待して騒いでいたものの、「とくに確かな往生のしるしも表れなかった」と、吐き捨てるような言われ様です（『愚管抄』巻第六）。

ちなみに、浄土真宗を開いた親鸞（一一七三～一二六二）は、はじめ慈円の弟子となったと伝えられていますが、師の法然と同時に流罪に遭っています（『善信聖人親鸞伝絵』一二九五年）。

今でこそ伝統仏教と見なされる鎌倉仏教ですが、できた当初は今のカルトのような扱いをされて、弾圧を経験した向きもあったわけです。

親鸞だけではない、浄土真宗の父子断絶

宗教が不安を解消するためのものであるとすると、心の問題を抱えがちな毒親育ち、つまりは親子問題を抱える人間が宗教に走るのは理の当然とも言えるわけで、カルト・非カルトにかかわらず、法師というのはそもそもが親子関係に問題を孕んでいることが多かったと言えます。

正真正銘、親子の断絶を経験した宗教家もいます。

親鸞です。

親鸞は、一二五六年、八十四歳の時、長男の善鸞（慈信房）を勘当しています。

善鸞が父・親鸞の意図せぬ教えを、常陸や下野といった東国で広めていたからです。

門弟への手紙で親鸞は、

〝自今以後は慈信においては、親鸞が子の義、おもひきりて候なり〟（『血脈《けちみゃく》文集』）

と宣言している。今後、慈信房こと善鸞を子と思うことはやめる、というのです。

しかも末尾では、

〝このふみを、人々にみせさせたまふべし〟

と、広く門弟・信者に、善鸞を義絶したことを告知するよう念押ししています。

親鸞の名で間違った教えを広められては困るからとはいえ、なにも義絶せずとも、善鸞の教えは違うのでこの手紙を皆に見せるように……と言えば済むのではないか、と思う私は甘いのでしょうか。門弟の手前、仕方なかったという事情があるにしても……。

親鸞の義絶は、従来は八十代半ばの老父の苦悩ということでとらえられていたのが、最近では善鸞の立場になって考察されることが増えてきました。私もその立場です。ここまで体面をつぶされたあげく、「子とは思わぬ」と内外に宣言された善鸞の気持ちを思うと、切ないものがあります。多くの人を救い慕われても、息子を救うことはできなかったのか、結局は見捨ててしまったのか……と、親鸞が薄情にも思えてきます。

このように、子を勘当しているのはしかし、浄土真宗では親鸞だけではありません。

親鸞の曾孫の覚如も長男の存覚を二度も義絶しています。これは、「門弟のとりなしによって、最終的には義絶は解かれたものの、両者の関係は最後まで元には戻らなかった」（小山聡子『浄土真宗とは何か』）といいます。さらに、戦国時代の顕如も子の教如を義絶している。

民俗学者の五來重は、宗教学者の佐藤正英との対談の中で、「本願寺の歴史は父子義絶の歴史といってよいほど義絶が多い」（佐藤正英ほか『徹底討議 親鸞の核心をさぐる』）

と言っているほどです。本願寺とはもちろん親鸞の開いた浄土真宗を指します。

親鸞兄弟五人出家の謎

浄土真宗にはなぜこんなに親子断絶が多いのか。

一つには、妻帯を大っぴらに認めているため、おのずと子が出来る、それで父子関係が悪化する確率も高まるということが考えられるかもしれません。

とはいえ当時は、

〝妻持たぬ聖は次第に少く〟（『沙石集』巻第四ノ二）

と言われるほど、法師に妻帯者が多かった時代です。妻子がいるのは浄土真宗だけに限った話ではありません。なのになぜ……と考えるに、開祖・親鸞の不幸な生い立ちがベースにあって、負の連鎖とも言うべき親子関係が、子孫にも続いたのではないか。

というのも、親鸞は、伯父の日野範綱に伴われ、わずか九歳で出家しているんですが、その時、下の弟たち四人も出家している。

「長男親鸞を含めた兄弟五人の出家という異常事態が何によって引き起こされたのかは定かではない」（小山氏前掲書）

といい、かつては父・日野有範の早世が理由にあげられていたものの、第二次世界大戦後、親鸞の弟・兼有が律師となるころまで生存していたことを示す史料が出てきて、今では否定されています（松尾剛次『知られざる親鸞』）。また、母方の援助がまるでないというのも不思議です。

「親鸞聖人の伝記には明瞭でない部分が甚だ多い」（『親鸞集』解説……日本古典文学大系『親鸞集　日蓮集』）といいますが、親鸞の子孫の一人の大谷暢順は、

「少なくとも、親鸞聖人の父母がひじょうに不遇の生涯を終えたということは間違いない。いわば挫折した人たちです。聖人の兄弟ぜんぶが得度したということは、何か大変

な不幸に見舞われたに違いありません。つまり、家族が崩壊するような何かがあった。これはもう、間違いない」（佐藤氏ほか前掲書）

と断言しています。

親鸞の両親がいかなる「不幸」に見舞われたのか、今となっては分かりません。分かっているのは、その後、親鸞を含めた五人の兄弟たちは母方・父方どちらの親族にも養育されることなく、出家の道を選ばされたこと。いわば捨てられたことです。

親鸞は、「たとえ法然上人にだまされて、念仏して地獄に堕ちても一切後悔しない」（『歎異抄』）、「法然上人のおいでになる所には、人が何と言おうと、たとえ悪道へ行かれるとしても」（『恵信尼の消息』）と、師の法然にどこまでもついて行くと言ったことで有名です。

法然もまた九歳で父を殺され、出家の道に赴かざるを得ない人でした。父の愛を知らない親鸞にとって、四十歳年上の法然は偉大な師であると同時に、理想の父親だったのではないか。一方で、親鸞自身は良き父親にはなれなかったのでしょう。

江戸初期に本願寺は東西に分裂しますが、それはいったん跡を継いだ教如の母・如《にょ》春尼《しゅんに》が、教如の弟の准如に法主の座を譲らせようとはかったのが始まりです。その意を汲んだ豊臣秀吉によって教如は隠退させられ、准如が法主になった。これが西本願寺で、その後、政権をとった徳川家康に教如が請願して寺を建て、それを受け継いだのが東本願寺です〈系図〉。

同じ腹を痛めた子でも、親は下の子を可愛がるというのはいつの時代も変わらないのか……。東本願寺では一九六九年、大谷光暢法主と長男の光紹新門とのあいだで教団問題が勃発しますが、その渦中の人である光紹新門をそそのかした張本人の吹原弘宣は、記者のインタビューにこう語ったといいます。

「法主と新門は親子でありながら和がない。母親の智子裏方は自分の手元で育てた末っ子の暢道氏ばかりをネコっ可愛がりで、上の三人は〝ままっ子〟扱いだ――そんな家族の悪口を聞くことから（大塚注・光紹新門とのつきあいが）始まったんです」（田原由紀雄『祖師に背いた教団』）

智子裏方とは光暢夫人のことで、昭和天皇の皇后の妹でもあります。吹原は詐欺事件でも摘発されていた疑惑の人とはいえ、長男から三男までの「養育は乳母まかせで自分の乳で育てない。そんな育ちが、母子関係をぎこちないものにさせたであろうことは想

『続日本の絵巻9 慕帰絵詞』解説『浄土真宗とは何か』(小山聡子)
『祖師に背いた教団』(田原由紀雄)『尊卑分脉』による

❖本願寺系図

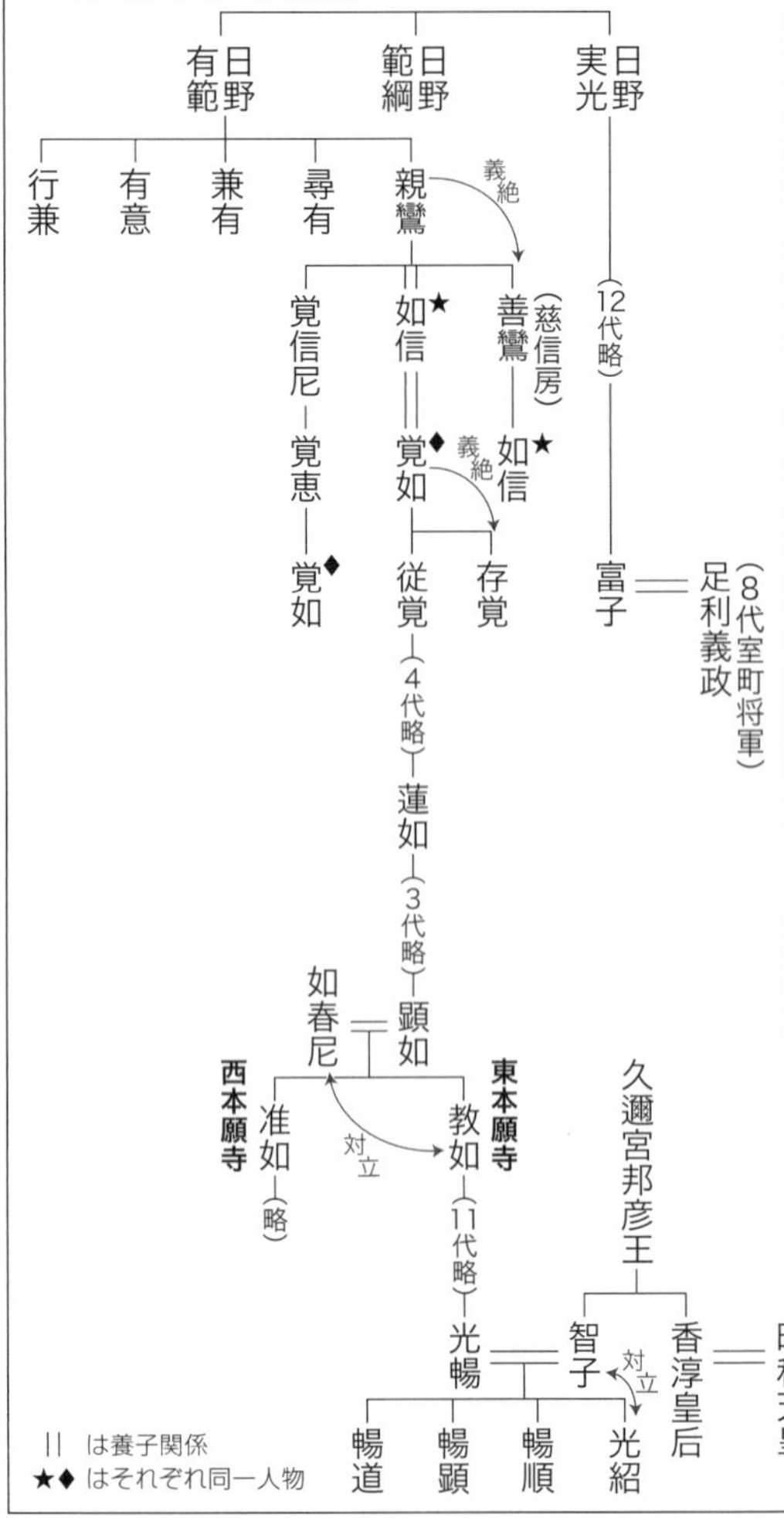

像にかたくない」（田原氏前掲書）上、当時、長男の光紹新門は、母の決めた女性との結婚を両親に相談もなく破談にしてしまった。縁談のことはすでにマスコミにも大々的に書き立てられており、メンツをつぶされた母は、新門にわだかまりを抱くようになった。一方の新門も、子どもの教育を理由に本家から遠ざかったといいます（同）。

その後、教団問題は、教学や財産を巡る大々的な問題に発展し、東本願寺はさらに分裂して今に至るのですが、その根には親子問題が横たわっていたわけです。

第十六章　子を使い捨てる親たち　ヤマトタケル、護良親王

父に〝死ね〟と思われたヤマトタケル

『すべての男は消耗品である』という村上龍のエッセイ集がありましたが、我が子を消耗品と見なしている親は、確実にいます。

今のような少子化社会では少ないでしょうが、それでも、いざ介護が必要になった時、親は最もお気に入りの子ではなく、差別してきた、冷遇してきた子に頼ることが多いといいます。つまり「潰してしまってもいい子」に「ケア期待」が向けられるというのです（平山亮・古川雅子『きょうだいリスク』）。

このくだりを読んだ時、背筋に寒気を覚えると同時に、「やはり……」という思いになったものです。

前近代、貧家で跡継ぎ以外の子を口減らしに出したり、娘を借金のカタにして遊郭で

働かせたりするのなどは、ある意味、「潰してしまってもいい子」だからとも言えます。ましてー夫多妻で、子が何人も何十人もいる支配階級に、親にとってその手の子が出てくるのは当たり前でしょう。そしてそういう子というのは、ケア期待を向けられる「潰してしまってもいい子」さながら、利用されるだけ利用され、命をすり減らしていく。

そんなふうに、我が子を利用した親として思い浮かぶのが、『古事記』に描かれる景行天皇です。

『古事記』によれば、天皇は、はじめ美女二人を召し出すために、皇子のオホウスノ命を遣わしたところ、オホウスは二人を我が物にして、天皇には別の女たちを献上しました。真相を知った天皇は、オホウスの弟のヲウスノ命を呼んで、

「そなたがねんごろに教え諭しなさい」（〝専《もは》ら汝《なむち》、ねぎし教へ覚せ〟）

と命じます。母系的な要素が強かった古代社会では、父子と言っても距離があったのに対し、オホウスとヲウスは同じ母の腹から生まれているので、親しい身内だった。それで、オホウスの不始末をいわば尻拭いするよう命じたわけです。

ところが、五日経ってもオホウスが姿を見せないので、天皇がヲウスに問いただした

ところ、

「明け方、兄が厠に入った時に待ち伏せし、捕まえてつかみつぶして、手足をもぎとって薦《こも》に包んで投げ捨てました」

と言うではありませんか。

それを聞いた天皇は、ヲウスの荒々しい心を恐れ、

「西のほうにクマソタケルが二人いる。服従せずに無礼な者たちだから、討ち取れ」

と命じます。これによってヲウスの命は危険にさらされますが、彼が戦でエネルギーを消耗し、敵を一掃できれば一石二鳥、たとえ死んでもまぁ仕方ない、と、天皇は考えたのでしょう。なにしろ『古事記』の伝えるところでは、天皇の子は名が分かっているだけでも二十一人。計八十人もいる。『本朝皇胤紹運録』(一四二六年ころ)にも六十七人の皇子女の名が上げられています。ひとりくらい死んでも構わぬという気持ちだったのかもしれません。

が、この時点では、天皇の真意に関して、ヲウスが疑問を覚えた形跡はうかがえません。

叔母のヤマトヒメノ命の衣裳をもらい受け、少女の姿になったヲウスは、クマソタケ

ル兄弟をだまし討ちします。その際、断末魔のクマソタケルに、

「西方に我ら二人をおいて猛く強い者はいない。けれど大和国には我ら二人にまして強い男がいらした。だから私はあなたにお名前を差し上げよう。今後は〝倭建御子《やまとたけるのみこ》〟と名乗られるがよい」

と言われたことから、ヲウスはヤマトタケルノ命と名乗るようになります。

そのまま出雲国に入ったヲウスことヤマトタケルは、イヅモタケルと友情を結ぶふりをして殺害、父・天皇のもとに復命します。

ところが父は、疲れて帰って来たヤマトタケルに、

「東方に十二の国の荒ぶる神と服従しない人々がいるから、平定せよ」

と、立て続けに命じる。

事ここに至ってヤマトタケルは、父が自分に〝死ね〟と思っていることを確信します。

「父・天皇は、確実に私に死ねとお思いになっている。なぜなんだ。西方の悪者どもを討ちに遣わされ、都に帰り着いてまだどれほども経たないのに、軍勢も下さらないで、今また東方の十二国の悪者どもを平定しに遣わされた。これは絶対、私など死んでしまえとお考えなのだ」（〝天皇《すめらみこと》の既に吾《あれ》を死ねと思ふ所以《ゆゑ》や、何《なに》。西の方の悪しき人等《ども》を撃ちに遣《つかは》

して、返り参ゐ《ま》上り来《こ》し間に、未だ幾ばくの時を経ぬに、軍衆《いくさども》を賜はずして、今更に東の方の十二の道の悪しき人等を平げに遣しつ。此《これ》に因りて思惟《おも》ふに、猶《なほ》吾を既に死ねと思《おも》ほし看《め》すぞ〟）

そんなふうに叔母のヤマトヒメに泣きつきます。

ヤマトタケルが現代人から見ると卑怯とも思える方法で敵を殺したのは、少ない労力で敵を倒す知恵の持ち主こそ英雄であるという観念が古代にはあってのことでしょうが（↓第一章）、彼のセリフからすると、父に十分な〝軍衆〟（軍勢）を持たされなかったからである可能性もあるのではないか……。

そして、ここでヤマトタケルが、

〝既に吾を死ねと〟

〝吾を既に死ねと〟

と繰り返していることに注目です。〝既に〟とは「確実に」とか「紛れもなく」の意です。西征で芽生えていたであろう「父はひょっとして討伐がてら私を殺そうとしているのでは」という思いが、東征を命じられたことで、確信に変わったことが浮き彫りになります。

そんなヤマトタケルに、叔母のヤマトヒメが渡したのが草薙剣でした。

東征でもめざましい戦果を上げた彼は、尾張のミヤズヒメのもとに草薙剣を置いて、さらなる戦に出かけます。そうして大和に戻る途中で息絶えます。

ヤマトタケルは、父・天皇にうとまれながらも、ヤマト王朝に尽くした悲劇のヒーローとして語られているのです。

『古事記』の父子のリアリティ、『日本書紀』の「実の親幻想」

ところが、『古事記』とほぼ同時期に成立した『日本書紀』では、様相が違う。

ヤマトタケルの死を知った父・天皇は、寝食もままならぬほど悲しみ、

「いとしさを忍んで賊の地に入らせた。一日たりとも思い出さぬ日はなかった」（四十年是歳条）

そんなふうに嘆いています。

父・天皇がヤマトタケルの力を殺《て》ぐために、あるいは亡き者にするために、西征東征を命じたという設定の『古事記』とはまるでスタンスが違います。

『古事記』には敗者の視線があるのに対し、『日本書紀』は天皇の権威をより強調する姿勢ですから、景行天皇が皇子の死を望んでいたかのような記述はまずいのかもしれな

い。あるいは『日本書紀』の編者は「実の親は子を愛するものだ」という「実の親幻想」に冒されていたのかもしれません。

さらに考えると、『古事記』のほうこそ、ヤマトタケルの悲劇性を際立たせるために、あえて非情な父によって死に追いやられた子という「物語」を作った可能性もあるでしょう。だとしたら、『古事記』の編者は、親子関係に潜むむごさというのを、驚くほど理解しています。

子は親に認めてもらうと嬉しく、頑張るものです。

けれどももしも、親が、その子を消耗品と見なしていたとしたら……。その子は、「思い通りに動かぬと愛してやらない」という条件付きの親の「愛」に振り回されながら、人生を搾取されたあげく、命の炎を消してしまう。

『古事記』のヤマトタケル伝説は、そんな毒親育ちの悲しさを、大和国の勢力拡大の歴史に乗せて物語っているのです。

息子を利用し、邪魔になると見殺しにした後醍醐天皇

『古事記』の描くヤマトタケルは、父・天皇にたび重なる征討を命じられ、命の炎を燃

やし尽くしたわけですが、その話には伝説的な部分も大きく、悲劇性を強調するために、あえて冷酷な父を創出した可能性もないとは言えません。

その伝でいくと、後醍醐天皇（一二八八〜一三三九）はさながらリアル冷酷な毒親と言えます。

後醍醐は、皇子の護良親王（一二〇八〜一三三五）の武勲のおかげで鎌倉幕府を倒し、建武の新政を実現しながら、親王が邪魔になると、捕らえて幽閉。その果てに親王は二十八歳の若さで死んでしまったのですから。

直接、手を下したのは父・天皇ではないとはいえ、足利直義（一三〇六〜一三五二）によって鎌倉の土牢（実際には土牢ではないという説もあります）に幽閉されるがままにしたのは天皇です。

護良親王は、なぜこんな目に遭わねばならなかったのか。なぜ、命がけで戦ったにもかかわらず、父・天皇に見殺しにされたのか。

一般的には、共に幕府を倒した足利尊氏（一三〇五〜一三五八）との対立が原因であると言われています。

一三三三年五月、尊氏が六波羅探題を攻め落とした時（同時期、新田義貞が鎌倉を攻略、鎌倉幕府滅亡）、親王の配下の殿法印良忠《とののほういんりょうちゅう》の手の者どもが京中の土蔵から財宝を奪い取った。それを尊氏は召し捕って、二十余人を六条河原で処刑。さらした首の傍らに、

〝大塔宮《おほたふのみや》の候人《こうにん》、殿法印良忠が手の者ども、在々所々において、昼強盗《ひるがうだう》をいたすあひだ、誅するところなり〟（『太平記』巻第十二）

と書いた高札《たかふだ》を掲げた、ということがありました。

大塔宮とは護良親王のこと。新井孝重によれば、親王はもともと畿南の浮動的な武装民を軍事基盤にしており、彼らは「雇い主である護良・良忠らから占領地の財物を略奪する自由を付与され、そうすることによって労働の対価（報酬）を得ていた」（『護良親王』）。

親王の勢力は傭兵的な、ならず者が多く、親王としても皆に所領や褒美を与える財力もなかったのでしょう、それで略奪を以て報酬とすることを黙認していたのです。

尊氏は、そうした親王の弱点・問題点を明示して「打撃をくわえるいっぽう、統治行政の主導権を一挙に掌握しようとした」（同）。

そんな尊氏の仕打ちに憤った親王は、尊氏を討つべく諸国へ令旨を下し、兵を集めて

いたのですが、これを察知した尊氏は、親王の〝継母の准后《じゅごう》〟（阿野廉子〈一三〇一〜一三五九〉。後村上天皇の生母）を通じ、「親王が帝位を奪おうとして諸国の兵を集めている」と、天皇に讒言しました。天皇は、

〝この宮を流罪に処すべし〟（『太平記』巻第十二）

と怒り、音楽会にこと寄せて親王を呼び出し、馬場殿に幽閉。一三三四年五月、尊氏の弟の直義に引き渡された親王は、十一月、鎌倉の二階堂に作られた土牢に閉じ込められることになります。

そして翌一三三五年七月、旧幕府方の北条氏の残党が反乱（中先代の乱）を起こすという混乱の中、親王は、直義の配下によって殺されます。

土牢に長いこと座っていたので、足も思うように立たぬところを襲われて胸元を刺され、弱ったところで首を掻き落とされたのでした（『太平記』巻第十三）。

継母幻想と実の親幻想

こうして見ると、親王側にも問題はあったでしょう。亀田俊和は、父・天皇の「再出家の命令に従わずに勝手に将軍を名乗り、綸旨と矛盾する令旨を発給して政治を混乱さ

せた。何より、最大の功労者である足利尊氏を公然と敵視し、テロ攻撃を企てた」親王は、「粛清されないほうがむしろおかしいのではないだろうか」と指摘しています（『征夷大将軍・護良親王』）。

そうかもしれません。けれど、もともと親王が出家したのは、寺の大きな軍事力と政治力を支配下に置くために、皇子を送り込むという天皇の政策によるものでした（森茂暁『皇子たちの南北朝』）。親王が延暦寺のトップにのぼりつめたのも父・天皇の意向があってのことです。

そうして利用してきた親王を、いざ自分の思惑以上の権力を持とうとすると、切り捨てた父・天皇……。

『本朝皇胤紹運録』で数えると、後醍醐には三十二人の皇子女がいる。意に添わぬ者はひとりくらい欠けてもやむなしというか、むしろいなくなってくれたほうが良かったのかもしれません。

気になるのは、父・天皇が親王を切り捨てる際、大きな影響力を発揮したのが、『太平記』では親王の〝継母〟、阿野廉子とされていることです。

悪いことは何でも女のせいにする、差別意識に基づいた歴史の捉え方を、私は「傾城史観」もしくは「悪女史観」と呼んで警戒しています（拙著『女系図でみる日本争乱史』参照）。応仁の乱の起こりは日野富子のせいだとか、豊臣氏を滅亡させたのは淀殿だといった言説がその例です。

『太平記』の著者がこうした史観で歴史を著述していることは、このエピソードを、〝牝鶏晨《ひんけいあした》するは、家の尽くる相なり〟（雌鶏が夜明けを告げるのは、家が滅ぶ前兆だ）（巻第十二）

という中国のことばを引いて締めくくっていることからも明らかです。

ここにはそれプラス「実の親幻想」とでも言うべき毒親観があると私は考えます。白雪姫の美貌を妬んで殺そうとした継母は、『グリム童話集』の初版では実の母だったこと、現実には虐待の加害者は圧倒的に実の親が多いことは、第七章で触れました。

そもそも子どもは母の実家で過ごすのが基本の母系的な古代日本では、継母と子が同居することはまずない。

それが武士の世になって、家族が父権的になると、以仁王（一一五一～一一八〇。後白河天皇の第三皇子で皇位継承の有力候補だったが帝位につけなかった）の不遇は、継母である建春門院こと平滋子（一一四二〜一一七六。高倉天皇の生母）の〝御そねみ〟によるものだ（『平家物語』巻第四）とされるなど、継母は悪役を演じさせられます。

なぜ悪事が継母のせいにされるかと言えば、「白雪姫」の改変に見るように、実の親が子を不幸に陥れるという事実は、あまりに残酷で、つらすぎるからです。

実の親は子を愛するものだという「実の親幻想」は社会の隅々に広がっています。そういう価値観に縛られた世間は、「親子なんだから仲良くしなきゃ」「親が寂しがっているる」などと言って、親に虐待された子を二重に苦しめます。ヤマトタケルを利用し尽くした父・景行天皇が、その死を悼んだとする『日本書紀』の編者も、天皇の権威付け以上に、こうした「実の親幻想」に冒されていたのかもしれません。

父を恨んだ息子

一方で、文芸作品では、実の親の残酷さが繰り返し語られてきました。『古事記』がイザナキ・イザナミ夫妻の子捨て・子殺しや、景行天皇の皇子への冷酷さを描いたのをはじめ、継子いじめで名高い『落窪物語』も継母の実の子に対する暴言を描き出していますす。近現代の例としては、手塚治虫の『どろろ』でも、天下を取ることを条件に、生まれてくる子（百鬼丸）のカラダを四十八匹の魔物に与えたのは実の父でした。

実の親の冷酷さが踏まえられたこれらの文芸作品とは異なり、『太平記』は世間並みの価値観に縛られていたのでしょう。

山下宏明によれば、「史実としては、親王と天皇、それに足利高氏（大塚注・尊氏）がからまる三者の対立があったと考えられる」のに、『太平記』は親王と尊氏の対立ととらえ、さらに尊氏にとって名誉なこととは言えない親王讒言の話を「廉子のとがにすり変えている」と言います（新潮日本古典集成『太平記』二　校注）。

現実は、

〝武家よりも君のうらめしく渡らせ給ふ〟（『梅松論』上）

と、流刑先の鎌倉で親王が独りごちたというのが真実に近いのではないか。親王は、尊氏よりも父の後醍醐天皇を恨んだ、というのです。

『梅松論』は足利寄りの歴史書で、尊氏暗殺計画の黒幕は実は後醍醐天皇だったのに、露呈するや天皇はその〝御科《とが》〟を護良親王に押しつけた、それで親王は父を恨んだというのが同書の主張です。

現実に黒幕が天皇であったかどうかは分かりませんが、自分を利用するだけ利用して、幽閉させるに任せた父・天皇を、親王が最も恨んでいたというのは、リアリティを感じます〈系図〉。

ちなみに足利尊氏は、実の子の直冬（一三二七？〜一四〇〇？）と敵対し、直冬の誅伐を九州の諸豪族に命じ、首実検までして直冬の死を確認しようとしたといいます（瀬野精一郎『足利直冬』）。

そもそも尊氏は直冬を認知せず、法師となった直冬は、父・尊氏が室町幕府を開くと、還俗して父に会いに行くものの、対面はゆるされませんでした。そして叔父・直義の養子となったわけですが、尊氏は「自分の直冬に対する冷酷な仕打ちを忘れ、直冬の自分に対する面当《つらあ》てと受け取り、ますます直冬を憎む気持を増幅させていった」（同）。

こうした尊氏の言動について瀬野先生（先生は私の大学時代の恩師なんです）は、「直冬が本当に自分の子であるということ自体を疑っていたのではないかと思える節がある。そうでなければ尊氏の直冬に対する異常とも思える父子敵対の状況を理解することができない」（同）としていますが、この点、私は少し意見が違います。

直冬は、劣り腹の子、それも『太平記』巻第二十六によれば、尊氏が越前局という女房に〝一夜〟通ってできた子です。つまりはどうでもいい女の腹ですから、我が子でも

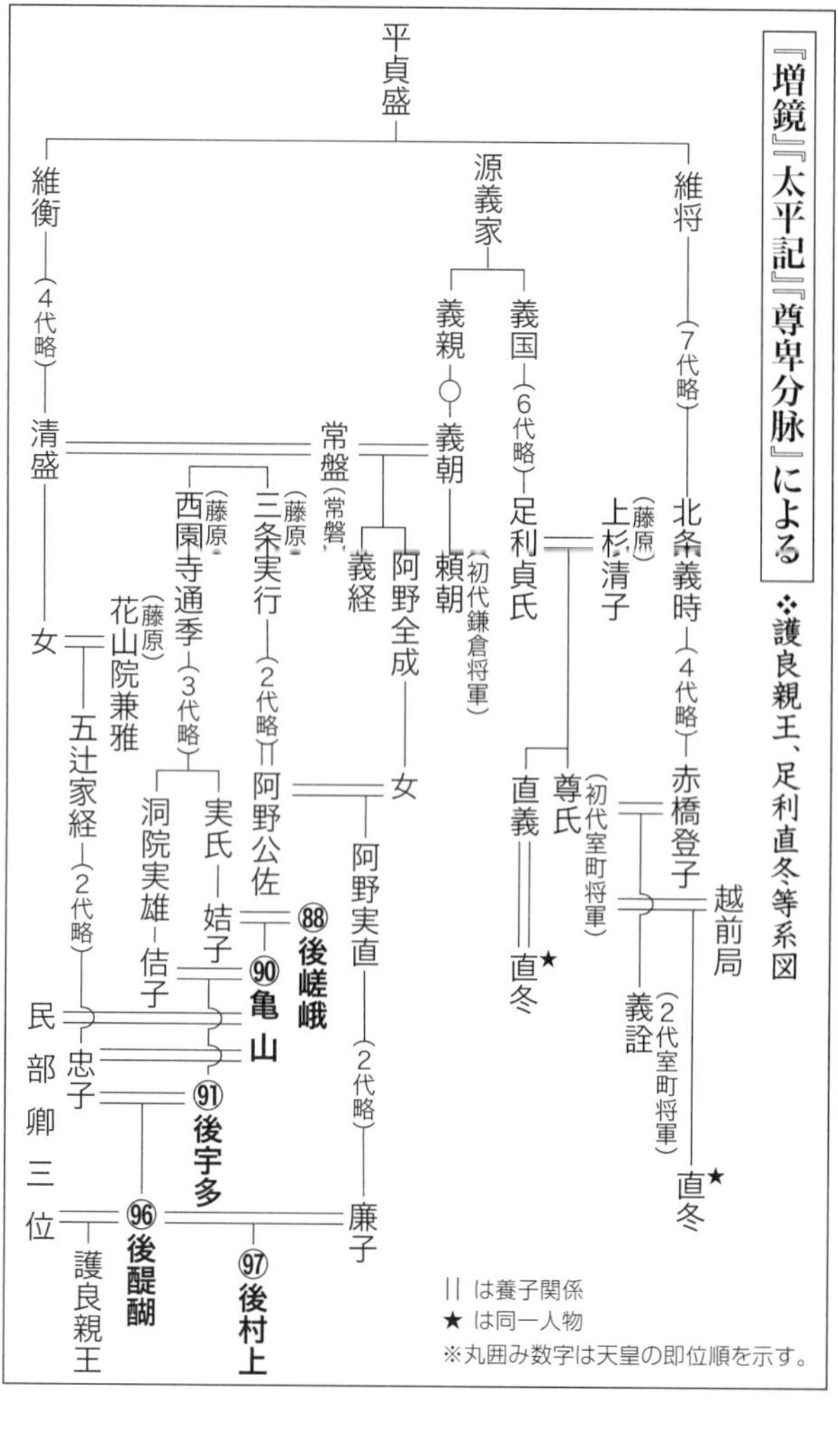

『増鏡』『太平記』『尊卑分脈』による

❖護良親王、足利直冬等系図

愛情が持てなかったのではないか。

自分のタネと分かってはいても、好きでもない女にうっかり子ができて、「堕ろしてほしい」と言う男は世にごまんといます。直冬は、尊氏にとって可能であれば堕ろしてしまいたい子だった、それでも共に生活すれば愛情も湧くでしょうが、そうではなかったのだから愛情の湧きようもなかったのだろう……というのが私の考えです。

第十七章　毒親がもたらすきょうだい殺し　信長、秀吉

毒親「リア王」のさびしさ

前近代の文学や歴史に毒親多しといえども、シェイクスピアの『リア王』ほど、あからさまな毒親はいないのではないでしょうか。

ブリテン王であるリア王は、老いて、三人の娘に領土を分けることにした。その時、娘たちのうち誰が自分を一番大事に思っているかを問うて、長女と次女には領土を分け、三女には何もやらず、フランス王と結婚させて国を追放してしまう。最も可愛がっていた三女が期待通りの返答をしなかったからです。そればかりか、諫めたケント伯爵をも追放。こうして王は国を譲った長女と次女のもとで一月ずつ過ごすことになりますが、しだいにどちらの娘にもないがしろにされ、居場所をなくして荒野をさまようことに。フランス王妃となった三女は父を助けようと挙兵するものの、二人の姉夫婦との戦いに

敗北。王と三女はとらわれて、ケント伯が助け出した時には、三女は息絶え、王は絶望のうちに死んでしまいます。二人の姉も仲間割れし、次女は長女に毒殺され、長女も死んでしまうのでした。

と、そのあらすじを書いているだけで、毒々しくてつらいものがあります。

王は娘に愛を求めた。その多寡によって、渡す財産を決めた。

王は三女を最も愛していたので、彼女に最も愛を求め、彼女のもとで安楽に暮らそうと考えていました。

「俺はこの子をだれよりもかわゆがり、挙げて余生をその手に委ね、優しゅう世話して貰おうと思っていたのだ」（福田恆存訳『リア王』）

と王は言い、その当てが外れたと見るや、

「この女から父親の情愛を取上げておかねばならぬ」

と怒る。

親を大事にしてくれたら財産を分け、さもなければ財産も親の愛情も取り上げるというのですから、毒親につきものの「条件付きの愛」を地でいってます（今も子どもに財産を譲った途端、ないがしろにされるってありがちですよね……）。結果、上の子二人に裏切られ、可愛がっていた三女を追放したことを悔やむ……。

リア王は子を差別してもいたわけで、そういう子らのきょうだい仲が悪いのも「毒親あるある」です。きょうだいを比較して、ひとりだけ叱ることで、

「親の要求に十分応えていないことを思い知らせようとする」（スーザン・フォワード『毒になる親』）

「こういう親の行動は、意識的であれ無意識的であれ、本来なら健康的で正常な兄弟間の競争心を醜い争いへと変えてしまい、兄弟間に嫌悪感や嫉妬心を生じさせてしまう」（同）

毒親は、子らを分断することで、自分のコントロール下に置こうとするわけです。

そうまでして味方がほしい。

毒親って、さびしいんですよ。

言ってみれば『リア王』は、毒親育ちの三姉妹の悲劇です。

王と三女だけでなく、気まぐれで激しい性格の父に差別され、三女と戦争する羽目になった長女や次女も被害者です。

だから、財産だけもらって、さようなら、となる。

毒親本ならここで終わるところを、『リア王』の凄いのは、毒親自身のさびしさ悲しさを浮き彫りにしているところでしょう。

『リア王』を読むと、毒親育ちの子どもも可哀想なら、毒親自身も哀れだなぁと痛感させられます。

下の子を可愛がって、上の子とモメる

にしても、国民はいい迷惑です。

天皇家や摂関家の親子関係が保元の乱を引き起こしたと慈円は指摘したものですが（『愚管抄』巻第四）、『リア王』も似たようなもので、トップの家族関係から戦争が勃発するのは洋の東西を問わないんですね。

戦国武将なんて、リア王みたいのばっかりです。

たとえば斎藤道三。大河ドラマ「麒麟がくる」では本木雅弘が演じて超絶カッコ良かったですが、この道三が、上の子である高政には冷たく、孫四郎、喜平次といった下の子ばかり褒めて可愛がっていた。家督はかろうじて高政に譲るものの、譲ったとたん裏切られ、可愛がっていた下の二人の子に加え、自身も殺されてしまう。

ほぼリア王です。

高政には出生の疑惑説――主君・土岐氏のお手つきだった母が道三に下げ渡されて生まれた――もあって、大河ドラマでは、高政自身がこの疑惑を利用して、尊貴な血筋であるかのようにアピールしつつ、父殺しの汚名を避けようとしていましたが、木下聡によると、こうした出生の疑惑説は江戸時代の創作で、事実ではないと言います（『斎藤氏四代』）。

そうした創作が受け入れられたのは、世間に「実の親幻想」があるからでしょう（↓前章）。「親は子を可愛がるものだ」という思い込みと規範意識ゆえに、親が子を疎んじるとすれば、それは血が繋がらないからに違いない、と考える。こうした世間の思い込みに合わせ、グリム童話も初版では、白雪姫を虐待するのは実の母だったのが、二版以降は継母に変えられたりするわけです（↓第七章）。

たとえ実の子であろうとも、思い通りにならぬ子は使い捨てよろしく死に追い込んだり、同じ子ながら差別したりする親が実在することは、本書で見てきた通りです。

高政も、弟二人と比較して、父から差別されてきたという積年の恨みがあればこそ、父を殺すところまで行ったのでしょう。

また、家族殺人が起きる家庭というのは、急激な成り上がりや零落を経験していると、エリオット・レイトンは指摘しています（『親を殺した子供たち』）。

油売りから戦国武将になったと言われる斎藤家にはメチャクチャ当てはまります。しかも暴力で物事を解決するという気風があるから、父殺し、弟殺しが起きるわけです。

戦国時代にはほかにも、織田信長（一五三四～一五八二）が同母弟の信行（信勝。？～一五五八）を、伊達政宗（一五六七～一六三六）が同母弟の小次郎（一五六八～一五九〇）を殺しています。

共に、母が弟のほうを可愛がっていたことが一因と言われています。

木下氏によれば、

「応仁の乱から戦国期にかけての各地の大名家では、必ず一度は父子・兄弟・一族間での内紛を起こしている」（前掲書）

江戸初期にも、徳川家光が同母弟（異説あり）の忠長を切腹させています。この忠長は母・江の愛子で、一時は家光をさしおいて家督を譲られそうになったのを、乳母の春日局が家康に訴えて、家光の地位が確定したという伝説はあまりにも有名です。たいてい親が下の子を可愛がって家督を譲ろうとして、上の子とモメるというパターンです。

兄弟仲が悪いからこそ説かれた「三本の矢の教え」

そんな中、毛利元就《もとなり》は「三本の矢」の教えを息子たちに説いたと言われます。一本の矢は簡単に折れても、三本の矢は折れない。兄弟も三人で結束すれば、敵に討たれにくい、というのです。

この教えは後世作られたものですが、元となったのは、一五五七年十一月二十五日、元就が毛利隆元・吉川元春・小早川隆景といった、正妻腹の三子に説いた「三子教訓状」です。

そこには、

「毛利家を良かれと思う者は他国はもちろん、当国にも一人もいそうにありません」

「家中にさえ、人により時によっては、よく思わぬ者ばかりです」

とあり、戦国期の毛利家を取り巻く厳しい情勢が彷彿されます。

そうした状況下、元就がこのような教えを三兄弟に説いたのは、実は毛利三兄弟の仲が険悪になりがちだったからです。室山恭子によれば、「幼い時に他家へ養子や人質に出され、お互い疎遠な環境で育ったこともあり、兄弟仲はしっくりしていなかった」（「『三本の矢』の母——妙玖」小和田哲男編『戦国の女性たち』）

だからこそ父・元就は、力を合わせて事に当たるべきだと三兄弟に説いたのです。

武士の家は兄弟仲が悪いのがデフォルトで、毛利三兄弟もその例に漏れませんでした。

それで、この教えを説いたわけです。

秀吉のきょうだい殺し

毒親の子はたいていきょうだい仲が悪いもので、そこに家督争いが絡んで殺し合いに発展したのが、戦国時代の斎藤高政の弟・父殺し、織田信長の弟殺しだと言えます。

成り上がりの代名詞ともなった太閤・豊臣秀吉もきょうだい殺しをしています。

秀吉と同時代に生きた竹中半兵衛の子・竹中重門の『豊鑑』（一六三一年）によれば、秀吉は父母の名も定かに分からぬ貧民の生まれといいます。秀吉の母の結婚歴も「三度以上」（服部英雄『河原ノ者・非人・秀吉』）あったため、秀吉には異父きょうだいがおり、ポルトガル人宣教師のフロイスによれば、秀吉の出世後、彼の「実の兄弟と自称」する若者が「二、三十名の身分の高い武士を従えて大坂の政庁に現われるという出来事があった」（『フロイス日本史』1　第十二章〈第二部八十八章〉）。

その若者が秀吉のきょうだいであることは「多くの人がそれを確言していた」ものの、秀吉は母に対し、「かの人物を息子として知っているかどうか、（そして）息子として認めるかどうかと問い質した」ところ、「彼女はその男を息子として認知することを恥じたので」「苛酷にも彼の申し立てを否定し」「そのような者を生んだ覚えはないと言い渡した」（同）

すると、「その言葉をまだ言い（終えるか）終えないうちに、件《くだん》の若者は従者ともども捕縛され、関白の前で斬首され、それらの首《こうべ》は棒に刺され、都への街道（筋）に曝された」（同）

のみならず、この一件から三、四ヶ月後、尾張に自分の姉妹がいて、貧しい農民であると知った秀吉は、わざわざ彼女を「姉妹として認め（それ相応の）待遇をするから」と言い、当人が望みもせぬのに彼女を都へ召喚するように命じた」（同）

姉妹が何人かの身内の婦人に伴われて都に出向くと、秀吉は彼女らを入京するなり捕縛、「他の婦人たちもことごとく無惨にも斬首されてしまった」（同）

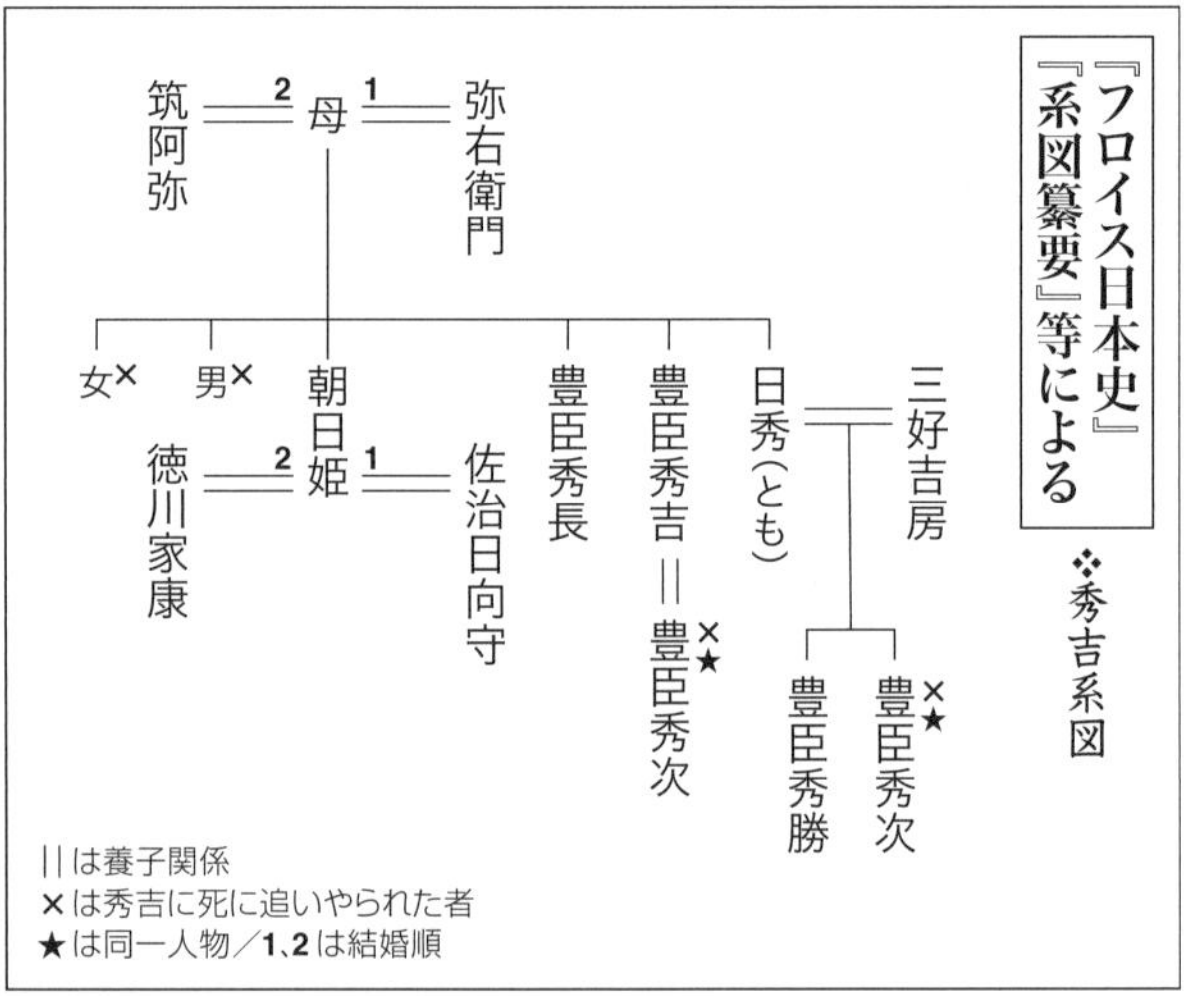

❖秀吉系図

フロイスは「彼は己れの血統が賤しいことを打ち消そうとし」たと分析しますが、顔を見たこともないタネ違いのきょうだいに、身内と称されるのがいやだったのかもしれません。渡邊大門によれば、「秀吉が認める兄弟姉妹とは秀長ら三人だけ」(『秀吉の出自と出世伝説』)。

つまり、秀吉の右腕となった秀長、秀吉の養子となって関白となった秀次の母・日秀、徳川家康に嫁がされた朝日姫の三人で、

「秀吉の知らぬところで育った者は、どうしても許容できない考えがあったと推測される。ましてや秀吉に身分的な保証を求めたとしたら、もっとも許しがたか

った」（同）

と言います〈系図〉。

プラス、母に対する当てつけもあったのではないか。

現在、秀吉の父として知られているのは弥右衛門と筑阿弥という人物です。このうち弥右衛門が秀吉の実父とされ、筑阿弥のほうは母の再婚相手とされますが、彼は病に冒されており、小和田哲男は、

「生活がぎりぎりという状況では、なにか些細なことでも衝突の原因となり、秀吉はしょっちゅう継父筑阿弥に折檻される状態だったことが予想される」（『豊臣秀吉』）としています。

そんなことから秀吉は父のみならず、そういう父と結婚した母に対しても恨みの気持ちがあったのではないか。

一般的には秀吉は母思いと言われており、母の訃報を聞くと、〝たえ入給ひてけり〟（気絶なさってしまった）と伝えられるほどです（『太閤記』巻第十三）。が、母への愛と憎しみは必ずしも矛盾するものではありません。タネ違いの若者を、母にわざわざ子であるかどうか問うた上、即座に処刑してしまうというようなことは、秀吉の母への思いが

愛憎半ばするものであればこそ、でしょう。

秀吉が兄弟姉妹と認める三人にしても、妹の朝日姫は四十四歳で夫と離縁させられ家康に輿入れさせられているし、姉・日秀は、子の秀次を妻子に至るまで処刑されている。秀次は叔父の秀吉に家督を譲られ関白になりますが、秀吉の側室となった浅井茶々（淀殿）が秀頼を生むと、謀反の疑いによって切腹させられた上、妻妾や女子・幼子に至るまで処刑されてしまいます。しかも秀次と妻子は「手厚く葬られることなく、そのまま三条河原に埋められ」、その埋葬場所は「畜生塚」と呼ばれた（渡邊氏前掲書）。

秀次は、秀吉の家督を継いで以来、〝御行跡みだりがはしく、万《よろづ》あさはかにならせられ〟（『太閤記』巻第十七）とも伝えられますが、フロイスによれば「万人から愛される性格の持主」（『フロイス日本史』1　第十九章〈第二部一〇三章〉）、「弱年ながら深く道理と分別をわきまえた人で、謙虚であり、短慮性急でなく、物事に慎重で思慮深かった」（『フロイス日本史』2　第三十八章〈第三部四十九章〉）ともいい、いずれにしても、妻子に至るまでまともに埋葬もされぬとは尋常ではありません。我が子や孫たちを殺されたあげく、夫も連座して流罪になった、秀吉の姉・日秀は翌年、出家しています。

極端な没落や成り上がりといった階級移動が時に家族殺人に至るほど大きなストレス

となることを思うと（→第三章）、継父に虐待的に扱われ、乞食生活までしていた（服部氏前掲書）秀吉の肉親たちが、のちに前代未聞の出世を遂げた秀吉によって人生を振り回されたのも、ゆえなしというわけではなさそうです。

秀頼に天下を譲る前に死んだ秀吉ですが、もしもうんと長生きすれば、リア王よろしく、秀頼やその母・茶々にないがしろにされる晩年が待っていたかもしれません。

第十八章　性虐待をする毒親　光源氏、秀吉、白河院

物語のファザーファッカー

支配的というのは毒親の絶対条件ですが、支配の最たる形が暴力と「性虐待」です。

「毒親」ということばを普及させたスーザン・フォワードによると、「肉体的な暴力と性的な行為」は、「ほんの一回の出来事であっても、子供の心には計り知れないネガティブな影響を与えてしまうことがある」（『毒になる親』）といい、子どもや女性への暴力防止専門職養成に長年携わる森田ゆりによれば、「親または保護者による性的虐待は、治療・防止がもっとも困難で、友人や知人からの性暴力とは異なった対応を必要とする」（森田ゆり編著『沈黙をやぶって』）といいます。

親や保護者による性虐待は、子どもにとって最も安全であるはずの家庭を、安らげない場所にしてしまう、卑劣で残酷な犯罪です。年端もいかない子の場合、行為の意味は

理解できなくても、何やら後ろめたいことをしたという罪悪感を抱いてしまう。しかも逃げ場がありませんから、苦しいことこの上ないのです。

そんな性虐待が、古典文学や歴史書にはちょいちょい見られます。

平安中期の『源氏物語』では、主人公の源氏が、十歳の紫の上を拉致同然に引き取って理想の女にすべく教育し、十四歳になると犯してしまう。その時、紫の上は、「なんでこんなに嫌らしい気持ちのある人を、心底、頼もしい人と思っていたのだろう」（〝などてかう心うかりける御心をうらなく頼もしきものに思ひきこえけむ〟）と、情けない気持ちになっています（『源氏物語』「葵」巻）。

源氏のような若くて（当時二十二歳）イケメンの大貴族が相手でも、父のように慕ってきた相手に性的対象とされることは嫌なことなのだ、と、作者の紫式部は言っているのです。

源氏は三十代に入ると、死別した元恋人の夕顔や六条御息所の娘たちも養女にしていますが、夕顔の娘の玉鬘には、髪や手を触って添い寝するなどのセクハラを働き、六条御息所の娘の斎宮女御（秋好《あきこのむ》中宮）にも恋情を訴えています。夫婦の営みを知らない玉鬘は源氏との行為がセックスであると思い込んで深く悩み、すでに人妻——それも源氏の不義の子である冷泉帝の妻——だった斎宮女御は、源氏の恋情を「鬱陶しい」（〝むつかし〟）と嫌がっている。

『源氏物語』のセックスの多くがレイプだと言うと、昔は社会情勢も婚姻制度も違うのだからレイプと言うのは当たらないと言う人がいますが、理想の主人公ですらこんなセクハラじみたことを行うし、相手の女は嫌がるのだということを、紫式部ははっきり描いていることに注目です。

千年以上昔でも、庇護してくれるはずの人間に性の対象とされることが娘にとって嫌なことであったのは今と同じだったのです。

ただ、これによって源氏が断罪されるわけではありませんし、女君の周囲の人たちは、むしろ源氏のような好条件の男に愛されることは幸運であると、とくに紫の上のケースでは、受け止めています。玉鬘にしても、彼女と結婚した鬚黒大将は、源氏が最後の一線を越えなかったことを「めったにないことで感動的」（〝あり難うあはれ〟）と受け止めており、養父が美しい養女に手を出さないことは殊勝であるかのような書きぶりです（『源氏物語』「真木柱」巻）。

養父や継父による性虐待は当時珍しいことではなかったのか、平安後期の『有明の別れ』にも、再婚相手の留守中に、継娘を脅して関係する大貴族が出てきます。可哀想にこの娘は、継父の子を妊娠・出産するだけでなく、継父の先妻腹の男、つまりは継兄にも犯されて妊娠・出産、しまいには出家してしまいます。

平安文学では、養父や継父による養女・継娘への性虐待はしばしばあって、娘はいずれのケースでも嫌がっているものの、犯した男の罪が問われることはない設定であることからして、こうした行為が娘を苦しめるということは分かっていても、さしたる大罪とは見なされていなかったことが浮き彫りになります。あとで触れるように、親が子を犯すことは古代でも罪とされていましたが、継父や養父は実の親ではない分、大目に見られていたのかもしれません。

『吾妻鏡』に見える性虐待

物語ではこんな感じですが、歴史書にも親による性虐待は報告されており、驚いたのが『吾妻鏡』建長二年六月二十四日条の記事です。

「鎌倉の佐介に居住していた者が急に自害を企てた。聞く者が競って集まってこの家を囲み、その死骸を見た。この人には婿がいて、日ごろ同じ所に住んでいたのが、ちょっと田舎に下向していた。この人はその隙をうかがって、娘と男女の関係になろうと誘った。娘は周章狼狽し、父のことばに従わなかった。しかるに櫛を投げて相手が取れば、肉親も皆、他人に変わると言われていた。それで父はひそかに娘の居所に至り、屏風の上から櫛を投げ入れると、娘は心ならずもこれを取った。そのため父は娘を他人と見なし、思いを遂げようとしたところに、婿が田舎から帰着。現場に入って来たために、父親は恥じて自害に及んだ」

で、ここからが衝撃なのですが、

「婿は仰天し、悲嘆の余りすぐさま妻を離別した。彼女が父の命に従わなかったため、このような珍事が起きたのだ、〝不孝の致すところ〟で、このまま夫婦の契りを保つわけにはいかぬ、ということだった。のみならず、自身は出家を遂げて、修行して舅の菩提を弔ったという」

責められるべきは父親なのに、婿は親に従わなかった妻（父親にとっては娘）を〝不孝の致すところなり〟と責めて、出家してしまうのです。

このくだりをはじめて読んだ時、父による性虐待の罪よりも、父に抵抗した娘の〝不孝〟の罪のほうが重い、という感覚にショックを受けたものです。

この父の行いが当時の武家社会では問題はなかったのかといえば、問題があればこそ、父は恥じて自害したわけです。

古代にも、六月の晦《みそか》の大祓《おおはらえ》の祝詞《のりと》には、

〝おのが母犯せる罪・おのが子犯せる罪・母と子と犯せる罪・子と母と犯せる罪〟

とあって、自分の母や子を犯したり、自分がセックスした女の子どもを犯したり、また自分がセックスした女の母親を犯したりすることは罪とされていました。『吾妻鏡』の伝える父親の行為は明らかに罪だったわけですが、このケースの場合、父が自害してしまったというのが大きい。

というのも中世には「死骸敵対」ということばがあって、主として遺産相続争いの場などで、親の意志に背いた場合に使われます。

もともとは死骸に霊力があるという古代以来の観念があったのが、中世になって現実世界の利害関係に応用された形ですが、勝俣鎭夫によると、「死にかたの問題と死骸の意志は深く結びつき、その意志をかなえてやるのが当事者の義務と信じられていた」（「死骸敵対」網野善彦他『中世の罪と罰』）といい、『吾妻鏡』のケースでは、父が意志を遂げぬまま、無念の死を遂げたということが大きなポイントになっているのです。鎌倉武士の時代になって父権が強まったということもあったかもしれません。が、父には犯されそうになるわ死なれるわ、夫は失うわ、近所に知れ渡るわで、娘としては地獄です。その後、彼女がどのような人生を送ったか、『吾妻鏡』は伝えていませんが、想像するだにつらいものがあります。

息子のまらを吸う母親

前近代の親による性虐待は、父から娘へ向かうものだけではありません。母が息子を性虐待する例もあって、それが平安初期の『日本霊異記』（八二二年）中巻第四十一の説話だと考えます。

ある女が、息子への〝愛心〟（愛執）が高じ、口でその子の〝閛《まら》〟を吸っていたというんです。三年後、彼女は危篤に陥ると、子を撫で、〝閛〟を吸いながら、

「私は何度も生まれ変わり、常にこの子と夫婦になろう」（〝我、生々《しやうじやう》の世に常に生《うま》れて相《あ》はむ〟）

と言って、ことば通り、隣家の娘に生まれ変わり、長じると自分の息子の妻になって、

やがて夫（息子）と死に別れて泣いていた。その声を聞いた仏が、彼女の過去生（息子の閨を吸っていた前世）を瞬時にさとって、この女の悪い因縁を嘆いたというんです。

三、四歳までお母さんにおちんちんを吸われ、お母さんの文字通りの再来の妻にも、やっぱりちんこを吸われていたであろう男。何度生まれ変わっても永遠にお母さんの生まれ変わりの女や男、あるいは蛇・馬・牛・犬・鳥などにおちんちんを吸われ続けるであろう男……。

そんな男を想定した仏教説話というのを考えると、いわゆる「虐待の連鎖」というようなものを、昔の人はとうに分かった上で、生々流転とか輪廻といった概念を構築したのだろうとか、輪廻から抜け出せないのも、そこに生の苦しみだけでなく快楽があるからなんだろうなぁなどなど、考えさせられること多々です。この話、以前、オンラインで連載していた「変態の日本史」でも紹介し、その時も同じことを感じてそう書いたんですが、毒親の日本史的に言っても、物凄く刺さる説話なんですよね。

今も、乳児期の息子のおちんちんを吸ったり舐めたりするお母さんがいると、内田春菊の漫画で読んだ記憶がありますが、乳児時代の息子のおちんちんを吸うのは大目に見る人も、男女が入れ替わって、乳児時代の娘のまんこをお風呂に入れるついでに父親が舐めていたとしたら……ちょっとやばいと思いませんか？

そう考えると、息子のおちんちんを三年間も吸い続けていた『日本霊異記』の母の話も、やはり仏の言うように悪縁として嘆くに足ると思う次第です。

養女や継娘を犯す毒父たち

秀吉といえば、長い日本史の中でも、前代未聞の立身出世……階級移動を果たした人物として有名ですが、ポルトガル人宣教師フロイスによれば、

「重立った貴人たちの大勢の娘たちを養女として召し上げ、彼女らが十二歳になると己れの情婦としました」（『フロイス日本史』2　第二十章〈第二部一一〇章〉）

つまりは養女を犯していた、と言います。しかも、そうした秀吉の、

「色事の取持ち役を務めたのは徳運《トクウン》（施薬院全宗）と称する、すでに七十歳に近い老人で、当初は比叡山の仏僧であり、（現今）我等の大敵であります」と。

フロイスはキリスト教を弾圧した秀吉にいい印象を抱いてはいなかった上、仏僧は「大敵」と言っているので、話を割り引いて受け止める必要はあるでしょう。

が、秀吉は六本指だったという彼の指摘（『フロイス日本史』1　第十六章〈第二部九十

七章〉）などかつては荒唐無稽とされていたものが、別の史料により事実と分かるなど（渡邊大門『秀吉の出自と出世伝説』）、実際に秀吉に接した外国人の証言として重視されています。

『フロイス日本史』の同じ章には、秀吉がキリスト教会関係者に、海外に奴隷として連行された日本人を日本に連れ戻すよう計らってくれと訴え、そのための対価も支払うと言ったことも記されており、必ずしも悪いエピソードばかりを伝えているわけではありません。フロイスの記事はかなり正確で、養女を情婦としたという指摘も、現実を反映していた可能性があるのです。

〝叔父子〟と呼ばれた崇徳天皇

養女（継娘）に手をつけた毒父としては、平安末期の白河院も有名です。

彼は寵愛する白河殿の養女・藤原璋子と関係する。白河殿は女御の宣旨はないものの、祇園女御と呼ばれ、『平家物語』では清盛の母と伝えられています。そんな祇園女御の取り計らいで璋子も比類ない寵愛を受け、幼いころは院の〝御懐に御足さし入れて、昼も御殿籠り〟（『今鏡』「藤波の上」）という有様でした。

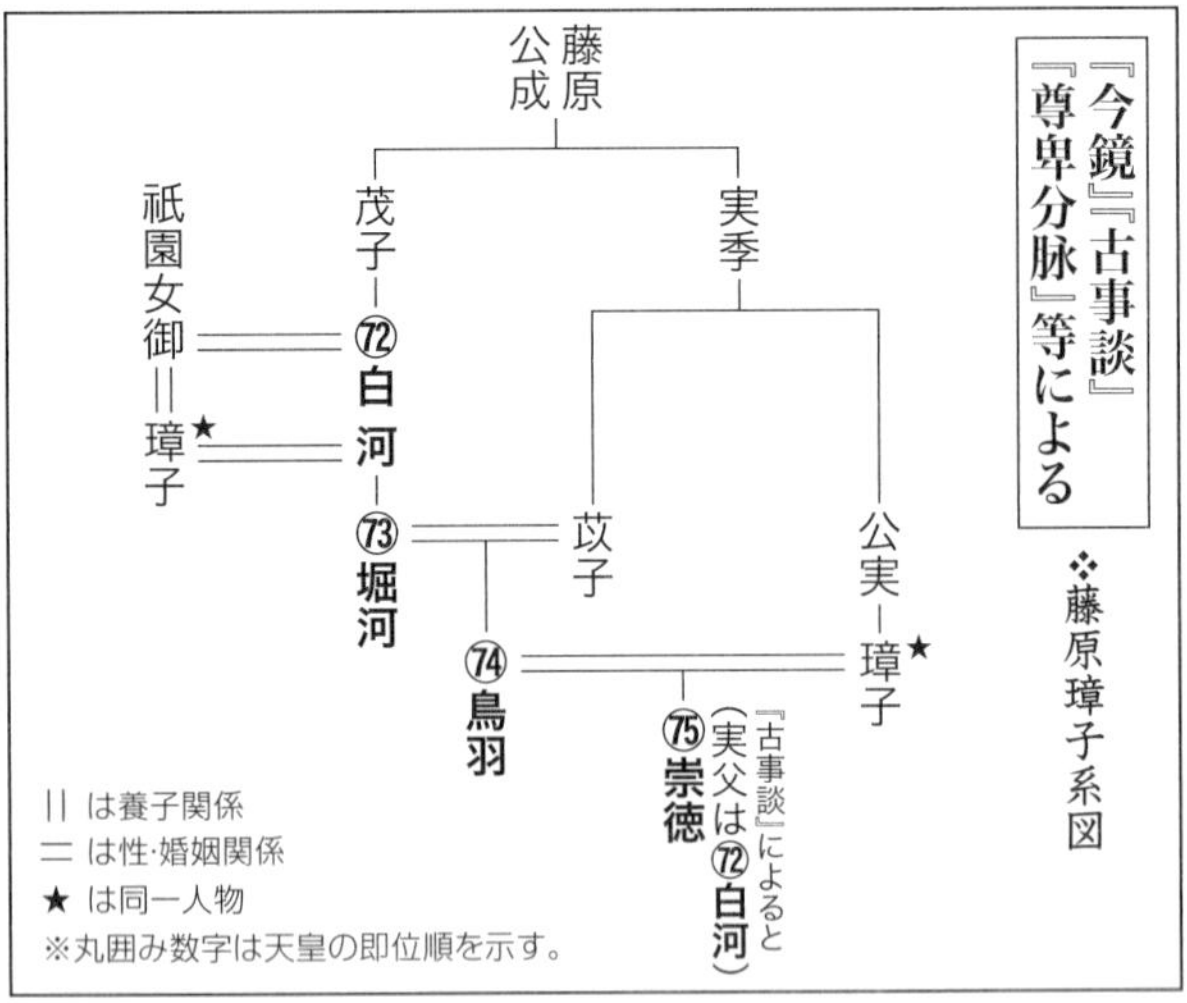

❖藤原璋子系図

璋子は複数の男と関係していたことで知られており、最初、院は、藤原忠実の子の忠通に縁づけようとしたものの、璋子の乱行を嫌った忠実はこの縁談を拒みます（『殿暦』〈永久五年十一月十九日条等〉）。それで院は、孫の鳥羽天皇に入内させたのですが、璋子腹の第一子・崇徳天皇は白河院のタネと言われ、鳥羽院も崇徳天皇を〝叔父子《をぢご》〟と呼んでいた（『古事談』巻第二）。本当は自分の叔父なのに、建前では子であるからです〈系図〉。

璋子の生理周期に注目した角田文衛は、崇徳の父は白河院としています（『待賢門院璋子の生涯——椒庭秘抄』）。

そして……小児期に性虐待を受けたことによる後遺症の一つに性的放縦が知られている（デビッド・ミラー&ジョン・グリーン、川野雅資監修『性の心理』）。これは「トラウマによる性的言動の変化」と言われ、家族による性虐待を受けた子は「過度で不適切な性的行動」が見られるため、「被害児童が周囲からの偏見や中傷にさらされ」ることもあるといいます（藤森和美・野坂祐子編『子どもへの性暴力』）。あるいは璋子もそれに当てはまるのでしょうか……。

第十九章　ひいきする母、スポイルする毒乳母

徳川家光と弟・忠長の悲劇

幼少期、自殺を図った三代将軍家光

今まで歴史上の毒親と思しき人々を紹介してきましたが、彼らは果たして本当に子の生きる力を奪っていたのか、子に罪悪感や「生きづらさ」を感じさせていたのか……。道綱母の『蜻蛉日記』などは別として、子ども側の思いを知る手がかりが残ることは少ないので、実のところは分かりません。

その点、三代将軍徳川家光（一六〇四～一六五一）は、毒親育ちであることがはっきり分かる珍しい例です。

家光の生涯を知った時、こんな可哀想な将軍がいたのか！　と、衝撃を受けました。

彼は十二歳にして自殺を図っているのです。

貞享三（一六八六）年、幕府に提出された『春日局譜略』によると、十二歳の家光は、

父母の意に叶わぬことを嘆き、白ら命を絶とうとした（藤井讓治『徳川家光』、福田千鶴『春日局』）。

それを乳母の春日局（福。一五七九〜一六四三）が諌め、すぐさま駿河の家康（一五四二〜一六一六）に訴えた結果、両親も家光を大切に扱うようになったというのですが……。数えで十二歳といえば今の小学五年生。ヤンチャ盛りです。そんな年ごろに自殺を図るとは、よほどのこと。

なぜ家光は、そこまで追いつめられたのか。

春日局の作と推定される『東照大権現祝詞』（一六四〇年ころ?）によれば、

〝そうげんいん（崇源院）さま君（家光公）をにくませられあしくおぼしめすにつきたいとくいん（台徳院）さまもおなじ御事に二しんともににくませられ、すでにそし（庶子。忠長）そうりやう（惣領）をつがせられべきていになり申ところに〟（赤堀又次郎解説『東照大権現祝詞』）

とある。母親の崇源院（浅井江。一五七三〜一六二六）が家光を憎んでいたため、父親の台徳院（徳川秀忠。一五七九〜一六三二）も一緒になって家光を憎み、弟の忠長（一六〇六〜一六三三）に家督を継がせようとしていたというのです。

これを駿河の家康が聞き、そのようなことがあれば、家光を駿河へ呼んで、家康の子にして三代将軍にするとの上意が示された。家光が駿河へ行くことが噂される中、家康は死んでしまったものの、その上意は江戸にも伝わり、両親は家光を将軍にしようという気持ちに変わった、と、続きにはあります。

いずれも元和二（一六一六）年の家康の死の寸前の話で、嫡男ながらそこまで家光の処遇が決まらなかったのは、両親に疎まれていたからということが分かります。

家光は将軍になってからも、胸がつかえ、食事をしても味覚がないといった体調不良や不眠に悩まされ、寛永十四（一六三七）年、三十四歳の折、腹をこわす病気となって、その後も、不食・不眠・発熱・無気力・気短などの症状が続き、今でいう鬱病であったと複数の研究者が指摘しています（藤井氏・福田氏前掲書等）。

家光には一貫して、毒親育ちの特徴である「生きづらさ」があったのです。

家光の実母は春日局か

なぜ家光はそんなにも両親に疎まれたのか。

篠田達明によれば、家光は生来病弱な上、

「一説には吃音障害だったといわれる」（『徳川将軍家十五代のカルテ』）。

しかし、だからといって虐待的な扱いを受けるいわれはないはずですが……。篠田氏はかつて重度の障害者を療育する入所施設で働き、「バッタード・チャイルド（被虐待児症候群）」を何人か預かった経験があるといい、「ここで判ったのは虐待をする親は兄弟姉妹のうち特定の子だけをなぶり者にする傾向があったこと」で、「家光の場合も母親は賢い弟だけを可愛がり、色黒の愚兄はネグレクト（無視）された」と、家光が被虐待児であった、としています（同）。

家光が母に虐待的な仕打ちを受けていた理由に関して、家光の生母は江ではなく、乳母の春日局であるという説もあります。

このあたり、実の親なら子を可愛がるはずだ、可愛がらないのは実の親でないからだという「実の親幻想」（↓第十六章）に陥っているのでは……という気もするものの、福田千鶴は史料に基づいて、母は江ではないと推測しています（前掲書）。

というのも家光の誕生の史料は極端に少なく、「家光の誕生月日は極秘事項とされていた」（同）。

しかも当時、系図上に母と記される女が必ずしも生母とは限らなかったことを思えば、母は江戸城における奥女中の一人ということもあり得る上、江戸時代から春日局が家光の生母であるという文書も存在していたというのです（同）。

詳細は福田氏の『春日局』や『江の生涯』を読んで頂くとして……私自身は、実の子でも兄弟で差別したり虐待したりする親がいることを思えば、家光は江の実子であろうと考えます。もしも春日局が実母であるなら、逆にここまで肩入れする姿勢を見せないようにも思うのです。一方で、先の春日局作と伝えられる『東照大権現祝詞』には江への悪意が感じられ、乳母と実母という関係以上の、何かがあるようにも思えます。

家光の保護者たちの凄絶な生い立ち

ここで、江と春日局の系図を作ってみましょう〈系図〉。

春日局は知られているように、織田信長を殺した明智光秀の重臣の娘です。一五八二年、彼女が四歳の時、光秀が逆臣となったため父は殺され、彼女は母方の稲葉氏のもとで庇護されます。そして稲葉氏に婿入りした正成の妻として正勝を生むものの、離婚して家光の乳母になります。

離婚理由については『備前軍記』（一七七四年）によると、夫の正成が別屋敷に妾を囲い、男子を生ませたのに嫉妬して、あえて妾と子を同居させた上、夫の留守中、妾を斬り殺し、里に帰ってしまったといいます（福田氏前掲書）。

さらっと書いてありましたが、やばくないですか？

福田氏の挙げる別の資料によれば、夫・正成に恨みのあった彼女は乳飲み子を抱いて駆け込み寺のような避難場所に逃げ込んだともいいます。いずれにしても、夫とのあいだに何かトラブルがあったのでしょう。

ちなみに家光も十六歳の時、浴室で、男色相手の小姓の坂部が別の小姓に戯れたため、怒って坂部を斬殺しています（山本博文『遊びをする将軍　踊る大名』）。

どちらも嫉妬による殺人事件で、嫉妬は誰にでもある感情とはいえ、殺人に至るとは尋常ではありません。何でも毒親と結びつけるのは気が引けるものの、そこまで深い嫉妬心は自信のなさの表れであり、毒親育ちの最大の特徴が自信のなさであることを思うと、家光はもちろん、春日局も毒親育ちの可能性を感じます。

一方、江は有名な茶々（淀殿）の妹、いわゆる浅井三姉妹の末っ子です。伯父の信長を殺した明智の家臣筋の春日局は仇敵に当たるとも言えますが、その伯父の信長はとい

『春日局』（福田千鶴）『墓が語る江戸の真実』（岡崎守恭）等による

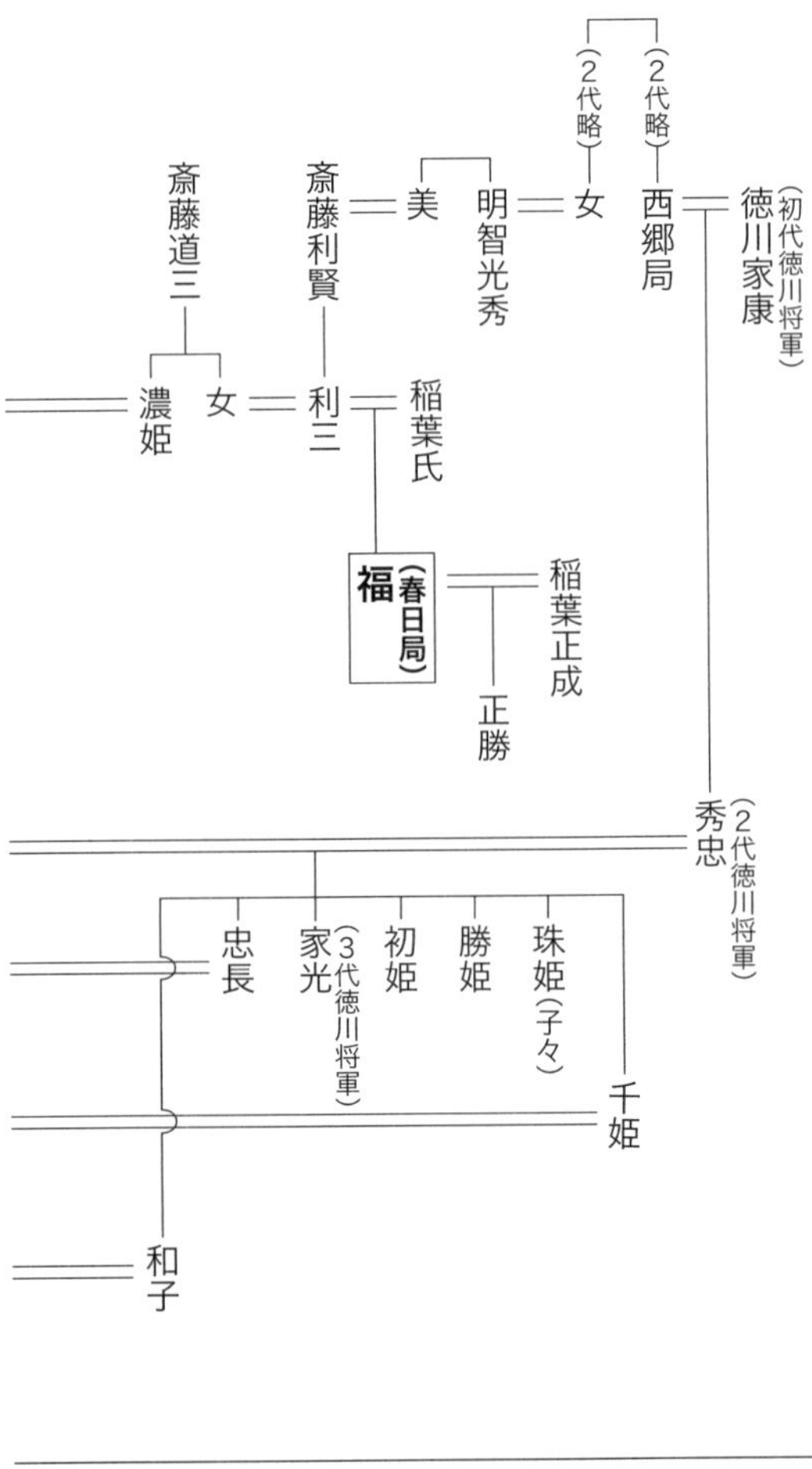

❖江と春日局の系図

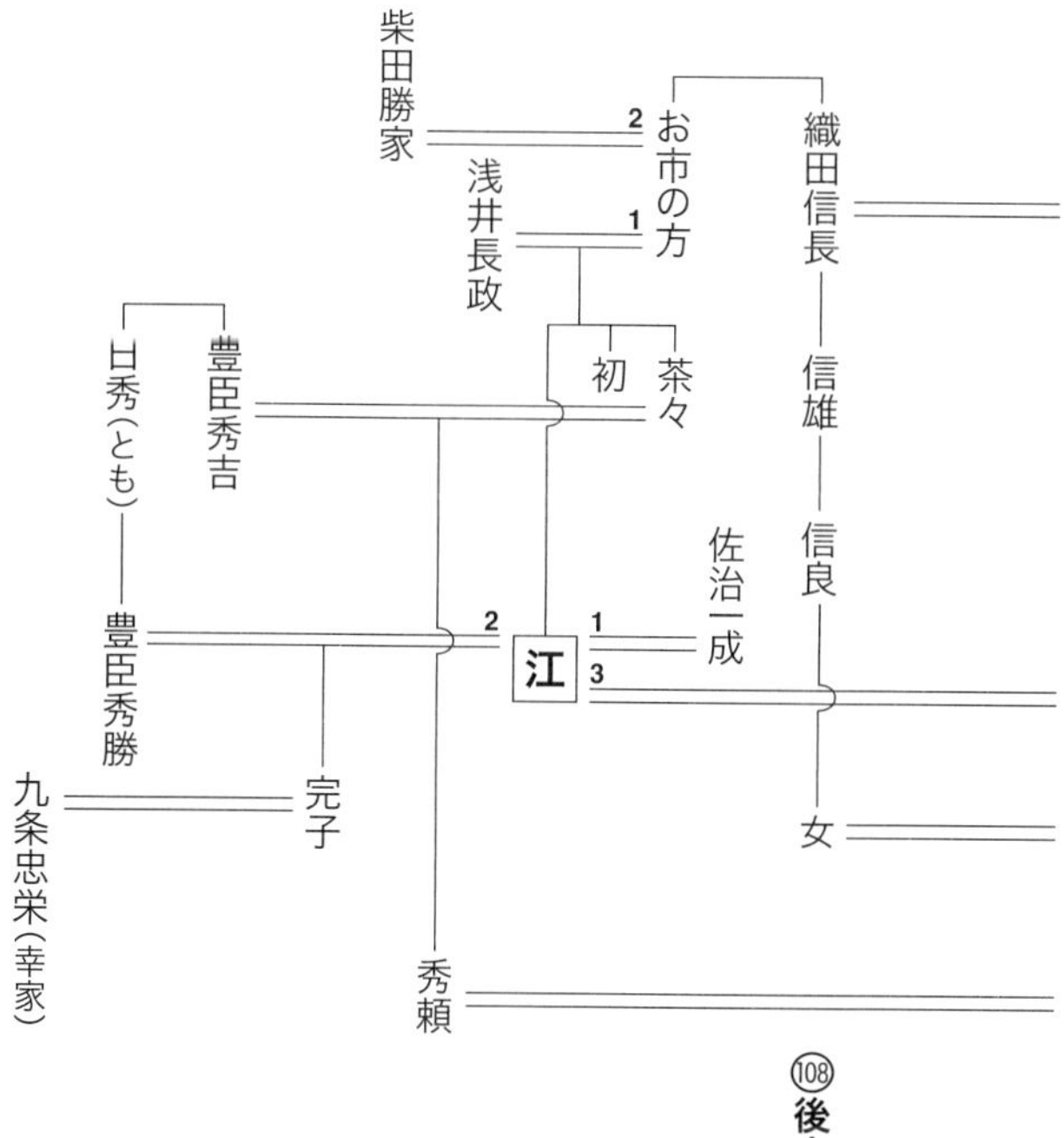

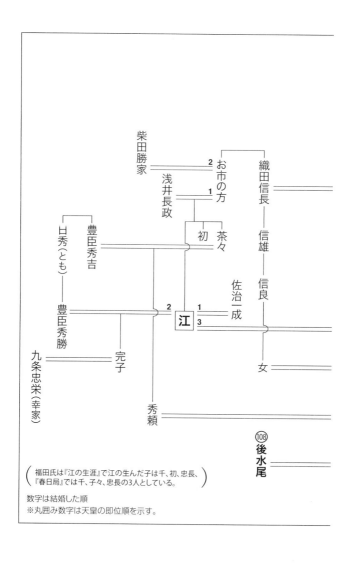

（福田氏は『江の生涯』で江の生んだ子は千、初、忠長、『春日局』では千、子々、忠長の3人としている。）

数字は結婚した順

※丸囲み数字は天皇の即位順を示す。

えば、実父の浅井長政を死に追い込んだ敵でもあり、光秀の関係者だからといって春日局を憎むことはなかったかもしれません（あとで触れるように、春日局のほうは江を憎んでいたふしがあります）。

さらに継父・柴田勝家と母・お市の方を豊臣秀吉によって滅ぼされたあと、秀吉の養女となり、佐治一成と結婚・離婚させられて、秀吉の甥の豊臣秀勝と再婚。娘・完子を生み、秀勝死後は、六歳下の秀忠に嫁いで子女をもうけます。この三度目の結婚で落ち着いたわけですが、周知のように徳川家は、のちに姉の茶々や甥の豊臣秀頼を滅ぼすことになります。

逆臣の重臣の娘から将軍の乳母となった春日局もさることながら、父を伯父に殺され、母と継父を殺した男の養女となり、婚家に姉や甥を殺された江の、ジェットコースターのような人生を見ていると、毒親にならないほうがおかしい気もします。加えて秀忠は、さしたる実力もなしに、父・家康のおかげで、将軍に成り上がった男……。

家族殺人が起きる家は上昇指向の強い中流家庭が多く、かつ極端な没落や成り上がりが見られ、「暴力」が問題解決の手段として日常化しているという特徴があることは本書でも繰り返してきました（エリオット・レイトン『親を殺した子供たち』）。戦国大名などはだいたい当てはまるわけで、実際、彼らのあいだに兄弟殺しは多く、重罪であるはずの親殺しもあった。

家光を取り巻く大人たちは、中でも極めつきの戦国人です。そんな両親に虐待的な扱いを受けていた家光が、死にたくなったり誰かを殺したくなったりするのも、思えば無理はないのかもしれません。


春日局は毒乳母?


ただ、乳母の春日局だけは、その激しい性格なりに、養い君の家光に対して、文字通り命を張って奉公していました。

有名なのが、虚弱な家光のために七色の飯を炊かせて食べさせたというエピソードです。これが先例となって、幕末まで将軍家の慣例となったといいます(桑田忠親『別冊太陽　徳川十五代』)。

彼女は、家光の病気平癒と息災のために、生涯にわたり薬断ちもしていました。家光だけでなく、家光三十八歳の折、やっと生まれた家綱(一六四一～一六八〇)のためにも薬を断ち、それは自身が危篤に陥った時も続いていました。春日局の没年と思しき時期、

「今は薬をのみ、命を延ばすこと」

「薬をのまないなら、死んだあとまで不届き者と見なす」

と、薬を服用するよう強く勧めた文書が残っています（福田氏前掲書等）。

ここまでされると、家光にしてみればありがたすぎて、重かったのでは……とすら思えてきます。

医師の投薬ミスで家光が瀕死の状態に陥った時も、家光自身はゆるそうとしたのに、春日局は死刑を求め、医師は死こそ免れたものの、生涯にわたり追放の身となったといいます（野村玄『徳川家光』）。

春日局の愛憎の振幅は極端過ぎるのです。

『東照大権現祝詞』で、江が家光を憎むせいで夫の秀忠も影響された、と、江を悪し様に書いていた春日局は、

「総じて君（家光）を軽んじおろそかに思う者どもはいずれも皆、自滅しています」

と口汚く罵り、家光の正妻の鷹司孝子のことも、

「心が正しくなく精神に異常がある。これは不思議な神罰である。これもまた大権現様

（家康）の御神罰である」

と、悪し様に書いています。春日局は、家光の母・江のことも、正妻・孝子のことも憎んでいたのです。孝子は持病で舌を嚙むなどの発作もあったといい、そのように苦しんでいる人を、時代性もあるとは言いながら、「神罰」と切って捨てるとは「あまりにも一方的で酷」（野村氏前掲書）というものです。

とはいえ、両親に憎まれていた家光にとって、春日局の存在はどれほど救いになったでしょう。むしろ可哀想なのは、甘やかされるだけ甘やかされ、しまいには父の秀忠にも放り出され、親子の縁を切られた忠長のほうかもしれません。

兄・家光に自害を命じられた忠長

両親に溺愛されていた忠長は、母・江の死後四年経つころから、酒に溺れ、家臣を手討ちにするなどの狂気が噂されるようになります。そして、かつては隠居地を忠長のいる駿河に……とまで望んでいた父・秀忠にも持て余され、ついには義絶されてしまいます。忠長は、可愛がってくれた父にも見放されたのです。一六三二年、父の秀忠も死ぬと、群馬の高崎に幽閉され、翌寛永十（一六三三）年十二月六日、兄・家光に命じられて自害することになります。

これについては、家光の病弱さと、当時まだ家光の世継ぎが生まれていないことなどから、忠長を次期将軍に担ごうとする勢力があって、それを案じた幕閣連中が、「将軍の病気をさいわい将来の禍根を断つ絶好の機会とばかり仕組んだ処断だったかもしれない」（篠田氏前掲書）といった説があります。

一方、野村氏によれば、『オランダ商館長日記』には、忠長の死の原因の一つとして、こんな説が書かれているといいます。

一六三四年に上洛が予定されていた家光に対し、宮中から忠長赦免の請願があった。将軍の唯一の弟が孤立した状態に置かれることは、将軍上洛の儀式を滞りなく行うためのキズであると朝廷側は考えたわけです。ところが家光は、父・秀忠の義絶した弟をゆるす決心がつかなかったため、弟を殺害すべく刺客を派遣した。事の次第を察した忠長は自ら腹を切った、と。

家光・忠長兄弟の異父姉・完子の夫は前関白の九条忠栄（幸家）です。野村氏は、彼が義理の弟である忠長の逼塞状況を不憫に思い、その名誉回復と、さらには家光と揃っての上洛を勧めたのかもしれない、と推測します。けれど家光にしてみればそれは脅威以外の何ものでもありません。

朝廷での忠長の存在感の大きさを知った家光は、

「忠長を生かしておけないと確信したのではないか」

というのです（野村氏前掲書）。

毒親育ち兄弟の悲惨

跡継ぎの家綱が生まれていなかった当時、朝廷側の動きに、家光は、両親が自分を差し置いて弟・忠長を世継ぎにしようとしていた子ども時代……それによって自ら命を絶とうとした子ども時代を思い出し、恐怖を感じたに違いありません。その恐怖感から忠長殺害を決意したことは考え得ることです。

あるいは幕閣が動いたにしても、最終的に決断を下したのは将軍・家光でしょう。

忠長に将軍の地位を奪われかねないという恐怖は、幼いころからのトラウマとして家光の心に刻まれていた……それがさまざまなきっかけで発動したのが寛永十年十二月だったのだと思います。

野村氏の紹介する『オランダ商館長日記』によれば、家光が忠長に切腹を命じた一六

三三年十二月当時、家光は常に深酒をして、食事らしい食事もせず、
「宵と夜明けの間に日本の小型コップすなわち小皿ふうのもので五、六十杯もあおり、その間夜の一〇時ごろ夕食を摂ると、明け方彼が寝るまで、彼の妻妾たちの中から選ばれた数人の者とともに、踊ったり、喜劇に興じたり、酒を飲んだりして過してきた由である」（野村氏前掲書）

といいます。

酒に溺れていたのは弟の忠長だけではなかったのです。

不仲とはいえ、二十八歳という若い弟を死なせたことは、繊細な家光にとって後味のよいはずはありません。

家光の気鬱の病が悪化するのは、忠長の死後に重なっています。

毒親は、きょうだいのうち特定の者だけをなぶり者にすることで、子らを支配することが知られていますが、その影響は、虐待された子だけでなく、それを目撃した子にも及ぶこともよく知られた事実です。

猫可愛がりされていた忠長が後年、酒と暴力に溺れたのは、一生、気鬱や体調不良に

悩まされた兄・家光と同様、毒親育ちの後遺症でしょう。

あげくの果てに兄に自害を命じられ、兄は兄で死ぬまで弟殺しの罪悪感に苦しむことになるんですから、毒親の罪深さは計り知れないものがあります。

第二十章　近松作品は毒親カタログ　ばらばらの家族へ復讐した毒子

近松の心中物は毒親カタログ

近松門左衛門（一六五三〜一七二四）の心中物に金銭絡みが多いのは有名ですが、私はこれ、「毒親カタログ」としても読めると感じています。

有名な「曾根崎心中」（一七〇三）も継母が勝手に継息子の縁談を承諾、持参金を受け取るんですが、継息子は好きな遊女がいるため結婚したくない。それで、なんとか金を取り戻すものの、友達にだまし取られてしまい、遊女と心中するという話です。

「長町女腹切《ながまちおんなはらきり》」（一七一二）の欲深な継父に至っては、継娘を女郎奉公させた上、年季をさらに延ばそうとたくらんで、継娘と恋人の仲をも裂こうとする。そもそも継父が彼女の母と結婚したのも、その娘を金にするのが目的でした。

ほかにも、父が借金のかたに、すでに女郎奉公をさせている実の娘を、別の者に二重売りする契約をした果てに、娘が心中に追い込まれる「心中重井筒《かさねいづつ》」（一七〇七？）など、近松作品の親は子どもを「自分の所有物」として扱う毒親ばかり。

「心中宵庚申《よいごうしん》」（一七二二）のように、養子の嫁が気に入らず、妊娠中の彼女を、養子に無断で離縁してしまう非道な姑もいます。

結果、主人公は夫婦でありながら心中するという、おかしなことになってしまうのです。

現実はもっと毒々しい

実はこうした近松の「世話物」と呼ばれる作品は、現実に起きた事件（実説）をもとに書かれています。今となってはもとの事件が不明な作品も多いものの、実説が分かるものは、現実の事件のほうがエグかったりもします。

それが先に紹介した夫婦心中の「心中宵庚申」で、その実説は『伝奇作書』（拾遺　上、一八五一年）によると、こんなものでした（以下、藤野義雄『近松名作事典』に載る原文を参考に訳しました）。

書き手が幼少のころ老人に聞いたところによると、実説も近松作品とほぼ同様であるものの、違うのは姑の婆で、現実には虫も殺さぬほどの良い人だった。問題は舅で、彼も悪人ではないけれど、とにかく若い女が好きで、下女や雇い人を妊娠させることがたびたびあった。そしてあろうことか養子・半兵衛の嫁の千世（千代）をしつこく口説いていた。千世は姑に訴えたものの、夫の半兵衛には言いかねているうちに、半兵衛が用事で遠方に行き留守になった。舅はこれ幸いと昼夜を問わず嫁の千世を口説く。見かねた姑は伯母のもとに嫁を預け、世間の人が問う時は「嫁の身持ちが家風に合わぬゆえ」と言い、半兵衛帰宅の折はお千世も呼び戻していた。けれど舅の煩悩はますます〝犬の如く〟、人目もかまわず千世を口説き、彼女が聞き入れないのを根に持って、養子婿の半兵衛を、少しの過ちでもひどく罵るようになった。婆（姑）が諫めると余計に逆上し、物言いが絶えぬので、〝義理にせまって〟（相手に義理を感じさせ、そうせざるを得ないように追いつめて）暇を出したところ、夫婦は心中してしまった……

『伝奇作書』曰く〝浄瑠璃に書く時には老婆を悪人にせぬ時は憎み増さぬ故にや、門左衛門の作意より、善人かへつて悪人といはるゝも老婆の不幸なるべし〟ということなのですが……。

実説大違いじゃん！　しかも舅、使用人をたびたび妊娠させていたのに〝悪人ならねど〟って、超悪人じゃん！

可哀想なのは実際には夫婦をかばっていた姑で、作品にする際は〝老婆を悪人にせぬ時は憎み増さぬ〟（老婆を悪人にしないと憎さが増さない）とは、要するに婆を悪人にしたほうがウケがいいんでしょう。そういえば『東海道四谷怪談』でお岩を殺した伊右衛門の親も、意地悪ばばあの母と、仏のような義父のコンビでしたっけ……。

今だって、結婚後の姓一つとっても、その他のことでも、男は甘やかされている。私、『くそじじいとくそばばあの日本史』という本を書いたんですが、最初このタイトルに関して「くそじじい」はやめよう、男は女より傷つきやすいからって意見があったんですよ。女だって傷つきやすいんです。ただ傷ついても我慢を強いられているだけ。男ばかりに、そんな忖度はせんでいい！　ってことで、もちろん残すことになりました。

こういう「男への配慮」は、近松の時代はなおさら強かったでしょう。

「心中宵庚申」の実説でも、舅が甘やかされていることこの上ない。姑は善人とはいいますが、悪いのはすべて舅なのに、「嫁の身持ちが家風に合わぬ」という言い訳を弄してヨメの責任にしているところは、ほんとに胸くそ悪くなります。悪者は女、それもよそからきたヨメということで、通用してしまう当時の世間にもうんざりです。

近松の作意（作為）による設定も実説も、どちらも当時の社会を反映しているのです。

不可解な毒子の理屈

近松の世話物には「毒子」も登場します。「女殺油地獄《おんなころしあぶらのじごく》」（一七二一）の与兵衛です。

彼は河内屋という油屋の次男ですが、二十三にもなって親がかりで、女郎遊びばかりしている。かといってモテるわけではなく、馴染みの女郎が自分の誘いは断りながら別の客と野崎参り（野崎観音＝慈眼寺参詣）に出かけたことに怒り、相手客と喧嘩して負けるという情けなさ。ここで武士に泥をかけてしまい、たまたま武士のお供をしていた母方の伯父に、帰りに〝首を討つ〟から待つよう言われると、命惜しさにうろたえて、居合わせた同じ町内の油屋の妻お吉に〝助けてくだされ〟とすがりつく。お吉は与兵衛より四歳年上なだけですが、すでに三女の母でしっかり者です。与兵衛のダメさに呆れながらも、泥だらけの彼の帯を解いて着物も脱がして洗ってやるという親切さ。

この作品に登場するのは総じて「いい人」ばかりなのに、与兵衛はと言えば、自分のせいで伯父が辞職を選んだと知ると、

「伯父は主人の金を使い込んだ。俺に金を預けてくれれば伯父に渡す」

と親に嘘をつく。病気の異父妹にも嘘をつかせ、財産を我が物にしようとするものの、失敗。継父・徳兵衛や異父妹を足蹴にし、母にも暴力を振るって勘当されてしまいます。

これだけなら単なるチンピラなんですが、彼は人を殺してしまうんです。

世話になったお吉に借金を断られ、油を借りるふりをして、のどや腹を〃刺いては抉《えぐ》り、抜いては切る〃という、むごく、しつこいやり方で。

あげく悪事がばれて、お縄になって処刑される。

サイテー男のなれの果てにも見えるのですが、近松はそうは描きません。

親不孝と放蕩を、与兵衛が初めて反省し、親にこれ以上の負担をかけまいと思うあまり、真人間になろうとしたがゆえに犯した罪として描くのです。

悪事が露見した時、与兵衛は叫びます。

「今まで不孝・放蕩を尽くした俺だが、一紙半銭盗んだことはない。女郎屋の払いは一年半年遅れようと苦にしなかった。ところが借金は一夜経てばふくれて〃親の難儀〃に

なる。その〝不孝の咎《とが》〟を申し訳ないと思うことばかりに目が行って、人を殺せば〝人の嘆き、人の難儀〟になるということにまるで目が行かなかった」

これ以上、親不孝の罪を犯すまいという一心で、人を殺してしまったというのです。

ばらばらの家族を結びつけていたもの

はじめてこのラストを読んだ時、違和感ありまくりでした。自己中で情けなくてチンピラ感満載だった与兵衛が、最後の最後になぜ急に親孝行に目覚めたのか？

そもそも、親不孝を避けるために人を殺すってバカすぎませんか？

まぁバカだから、考え無しだから人を殺すんだと、ミステリーの女王アガサ・クリスティもどこかで言っていましたが……。

なんで近松はこんな皮肉なドラマを書いたのか。

近松の意図は何か。

と考えた時、この一家がいわゆる機能不全家族であることに気づきます。

与兵衛の両親は二人とも一見、善人なのですが、スーザン・フォワードのいう「毒親」に面白いほど当てはまる。

とくに「コントロールばかりする親」にある以下の項目、

・金でコントロールしようとするタイプ
・「干渉をやめぬ母」のタイプ
・「兄弟姉妹まで親と一緒になって責める家」のタイプ（『毒になる親』）

って、まんま与兵衛の家族じゃん！

与兵衛を口では叱っても、あとでこっそり近所のお吉のところにカネを持参して、「渡してやってくれ」と継父の徳兵衛。そこに来合わせた妻のお沢（与兵衛の母）が、〝その甘やかしがみな毒飼ひ〟（あなたの甘やかしが、与兵衛に毒を飲ませることになって、破滅へと導いている）

と非難する、その懐からもカネと粽《ちまき》が転がり出てくるばつの悪さ。

二人が二人とも表面的には厳しい親を装いながら、陰でお吉にカネを託すという、言行不一致なことをしている。しかも甘やかしたツケが今きていると知りながら、この期に及んでも他人のお吉を巻き込んで、与兵衛の尻拭いをしようとするのですから、こんな無責任はありません。機能不全家庭では親子は断絶気味ですから、他人を介すのも分かるんですが、両親は肝心のところで、面倒なことは他人任せにして逃げている。

「兄弟姉妹まで親と一緒になって責める家」というのもそのままで、与兵衛の三歳上の兄・太兵衛は、独立して店を構えるしっかり者なのですが、この兄が与兵衛の悪事を母に告げたり、継父に、「与兵衛を勘当すべきだ」と意見したりしていた。

継父、母、兄、タネ違いの妹、みんな真面目な人ばかり。

その中で与兵衛だけがどうしようもなく、継父には〝どろめ〟(のら息子め)、母には〝のらめ〟、兄には〝あんだらめ〟(バカ者)と呼ばれ、病気の妹を踏み殺す気か！　年取った父に対してなんたる態度！　母を足蹴にするとは脛が腐るぞ！　と、皆にこぞって責められる。

フォワード氏は「コントロールばかりする親」に対する子の反応は二つしかない、「いやいやながらも従うか、反抗するかである」(前掲書)と言っていて、当然、与兵衛は反抗派です。

そうして家族はと言えば、与兵衛に困りながらも、与兵衛というダメ人間がいるせいで、妙な結束の固さを見せている。

『女殺油地獄』

❖与兵衛系図

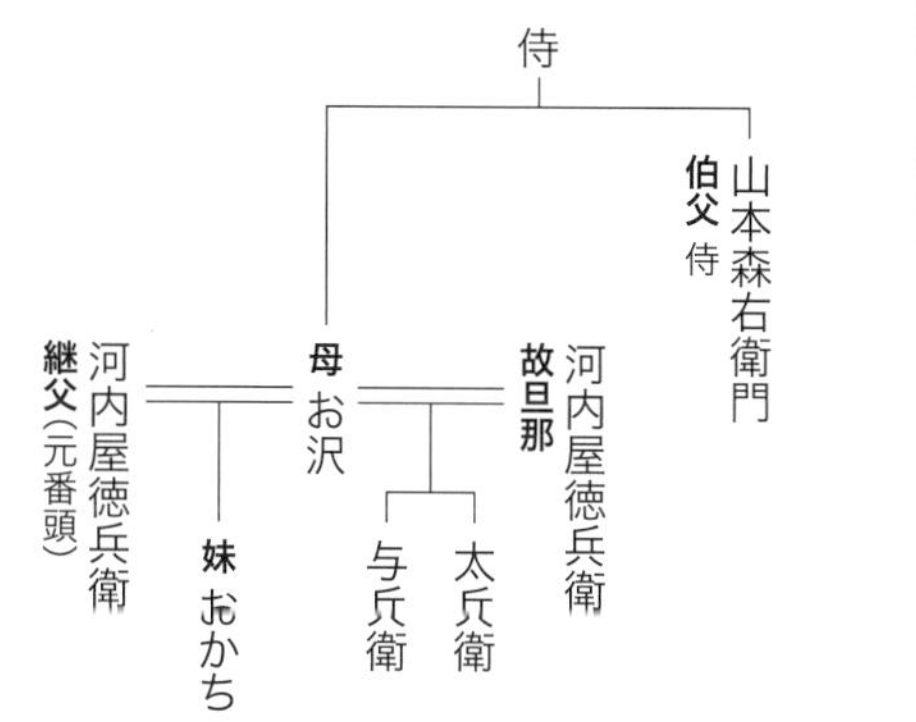

与兵衛という邪魔モノがいるおかげで、ばらばらの家族は団結し、バランスが保たれているように見えるのです〈系図〉。

与兵衛は家族の被害者

改めて与兵衛の系図を作ると、与兵衛の亡父・徳兵衛と同じ名を継いだ継父・徳兵衛は、もとは番頭として、妻のお沢や太兵衛・与兵衛兄弟に仕える身でした。

継長男の太兵衛に、

〝ぢたい親仁様が手ぬるい。私と与兵衛めは、お前の種でないとて、あまり御遠慮が過ぎまする〟

と言われた徳兵衛は、こう言い返したものです。

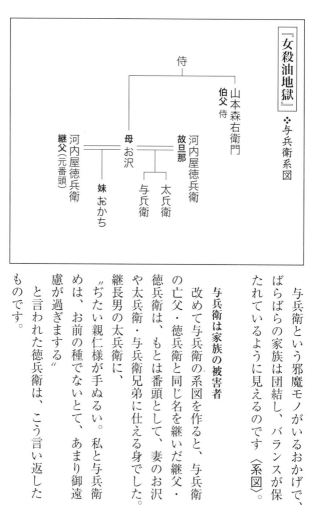

〝継父なればとて親は親、子を折檻するに遠慮はないはずなれど〟

当時は、親が子に暴力を振るうのは全然オッケーとされていたんですね。これはこれでドン引きですが、継父が与兵衛に厳しくできないのは、継父曰く、

「もとが主筋と下人筋の親と子では、叱っても糠に釘、何の効き目がないのも道理。我が身の境遇が口惜しい」

徳兵衛が与兵衛の母・お沢と結婚したのは、与兵衛が四つ、太兵衛が七つの時。先代が死んだので、家を継いでほしいとのお沢の兄（伯父）のたっての願いで、後家のお沢と結婚した。けれど、徳兵衛が、奥様・坊ちゃま、と呼んでいたころの記憶が継子の与兵衛にはあるはずだし、徳兵衛自身も使用人根性が抜けず、妻にも息子たちにも遠慮してしまう。徳兵衛は、与兵衛にナメられている、下に見られている、と感じていたんです。

では、与兵衛以外の継長男や妻が徳兵衛を立てているかと言えば、妻は与兵衛がダメになったのは徳兵衛の〝甘やかし〟ゆえと言い、継長男も〝親仁様が手ぬるい〟と、結局、徳兵衛のせいにしている。

どこか上から目線なのです。

もともと彼らは徳兵衛の主人だった上、与兵衛の母の家柄は、徳兵衛が言うには、

〝一家《いっけ》、一門みな侍〟

妻のほうが夫より家柄も地位も上なんです。

もちろんそういう家は珍しくない。将軍家の姫が大名家に輿入れするなんてのがそれで、前田家に入った徳川家斉《いえなり》の姫が夫と江戸入りする際は、夫の通る時は町人らも道の両脇によけるだけなのが、奥方の通る時だけ「下にい下にい」と声を掛け、土下座させて進んだそうです（岡崎守恭『遊王 徳川家斉』）。

そんなふうに内実通り、妻が重んじられているのはいい。

徳兵衛一家もかかあ天下であれば良かったのです。

ところが、一家の家族関係にはねじれがある。

本当は妻も長男も徳兵衛を下に見ているくせに、妻は夫に従うべし、子は親に従うべし、という当時の規範に過剰なほど合わせて生きているから、言動の端々に綻びが出る。こうした規範からひとり外れていたのが与兵衛です。与兵衛だけは言行一致で、親といっても元使用人の徳兵衛を下に見る気持ちのまま、叱られても糠に釘だった……。

侍階級出身でありながら商家に嫁した与兵衛の母が、夫を亡くして、元使用人の妻になるというのは、一つの零落です。そういう急激な階級移動を経験した、上昇指向の強い中流家庭で家族殺人が起きやすいことはこれまで繰り返してきました（エリオット・レイトン『親を殺した子供たち』）。

与兵衛はそうした親のストレスを一身に受けて育っています。幼いころは不憫さに任せて甘やかされ、長じても親に援助を受けながら、それでスポイルされると〝のらめ〟〝どろめ〟と家のはみ出し者として扱われ、一方では兄のように独立し、店を持つことをも期待される。

一家は与兵衛が世間並みの真人間になることを求めながらも、知らず知らずのうちに彼を悪者にすることでストレスを解消し、バランスを取っていたのです。こんな家、居心地が悪くて当たり前、女遊びばかりして当然ですよ。

お吉に向けられた与兵衛の怒り、残忍な殺しは、そんなふうに与兵衛を利用してきた家族への、たまりにたまった怒りが、他人に向けられたものではないか。

「親不孝の罪にばかり目が行って殺した」という取ってつけたような与兵衛の「言い訳」は、気持ちよりお家重視で使用人と再婚した母や、命より体面重視の伯父、先代への忠義重視で子を甘やかし続けた継父が、拠り所にしていた建前への面当て、家族への復讐と見ることもできるのではないでしょうか。

終章　小林一茶の毒人生　　毒親育ちを生き抜いて

一茶の特異な親像

前近代、親のイメージはポジティブなものが大半でした。そんな中、俳人・小林一茶（一七六三〜一八二八）は五十一歳の時、こんな句を詠んでいます。

〝うそ寒や親といふ字を知てから〟（『七番日記』文化十年九月）

「親という字を思い浮かべただけでもぞっとする、薄ら寒い」という穏やかならぬ意で、「親に孝」という儒教思想が根付いていた江戸後期はもちろん、日本文学史を通じても特異な句です。

元となったのは、江戸中期の『山家鳥虫歌』等にある、

〝親といふ字を、絵に描いてなりと、肌の守りと、をがみたや〟（玉城司訳注『一茶句集』）。

「親という字はお守りにして拝みたいほどありがたく、頼みになる」という意味の歌です。

それを一茶はあろうことか、「親に関わってから、心が冷え冷えとするようになった」というのですから、尋常ではありません。

なぜ一茶は、こんなに親という字を憎んだのか。親を憎むとか恨むといった発想さえ、なかなか許されない時代に、親は嫌なものだと気づいたのか。

当時にあって特異な親像を一茶が持つに至った理由を知るヒントは、父の発病から初七日までを綴った一茶の『父の終焉日記』にあります。

継母にはいびられ、父にも嫌味を言われ

『父の終焉日記』は、継母と異母弟・仙六への憎悪に満ちあふれています。

事の発端は、享和元（一八〇二）年四月。一茶三十九歳の折、実家に帰省中、父が発病。重病となった父がわずかな所領を息子二人に分け与えようと指示したところ、弟・仙六は承知せず、いさかいをしてその日は終わります。一茶は、

〝皆、貪欲・邪智〟

〝五濁悪世《ごぢょくあくせ》の人界《にんがい》、浅ましき事なりき〟

と、はなから重苦しいトーンで、弟への敵意をむき出しにする。日記に充満しているのは、相続問題や金銭を巡っての、家族の浅ましくもみみっちい争いです。

父が、当時、高価だった砂糖をはしがると、継母はこれまでにかかった砂糖代を数え上げ、

「また砂糖を食べる気か。これから死ぬ人にはムダな出費」

と言って、また喧嘩になる。しかも父が生きているうちから、資産の分配を巡り、継母や弟と、父とのバトルが日々展開する……。

こう書くと、父は一茶の味方のように思われるかもしれませんが、彼は、継母と一緒になって一茶を攻撃してもいます。

一茶が父の薬を仙六に求めに行かせると、父は、自分に聞かずに薬を求めた一茶を、

「お前まで俺をないがしろにする」

と罵ります。それに勢いを得た継母は、

「仙六に朝飯も食べさせずに行かせた。一茶は〝骨盗人《ほねぬすびと》〟よ。弟の空腹を思いやれぬのか」

と、〝あたりに人なきごとくの、し〟る。〝骨盗人〟とは、骨惜しみして、他人にばかり骨折りさせる人のこと。継母の口汚さが浮き彫りになっています。

また、病人に冷水を与えることを戒めた医師に従って、一茶が沸かし返しの水を与えると、

〝水ぬるし〟

と父はむずかり、継母が冷水を望むままに与えると、

「これこそ本当の清水だ。よくも一茶は私をだましたな」

と機嫌を損ねる。

そんな父を、

〝毒をすゝむる人にはうれしげに笑ひ、薬をしひるものはあしざまに思ひ給ふ〟

と一茶は評し、父が好むからといって酒まで与える継母や弟のことは、

〝表には父をいたはると見えて、心には死をよろこぶ人達〟

と非難します。

『父の終焉日記』は、継母や弟の醜悪さだけでなく、継母に同調する父の浅はかさ、目先の快楽に弱い愚かさをも描き出すのです。

悲惨な子ども時代と、祖母の助け

『父の終焉日記』には、一茶の悲しい生い立ちも綴られています。

幼くして母を亡くした一茶は、継母が仙六を生んで以来、朝から晩までお守りをさせられ、仙六がむずかると「わざとやった」と父母に疑われ、杖でぶたれることは〝日に百度、月に八千度〟、涙で目の腫れぬ時はありませんでした。

唯一の味方は祖母でしたが、一茶十四歳の折、祖母が死ぬと、継母との関係悪化を案じた父により、一茶は江戸へ奉公に出されてしまいます。

一茶の父は、病床にあってすら一茶を罵ることからも分かるように、子ども時代の一茶にとっては、継母と一緒になって一茶を虐待する毒親でした。一茶が、日本文学史上、特異な親像を抱いたのは、こうした悲惨な子ども時代が手伝っていたでしょう。

が、虐待された子が、それを「虐待」と気づくためには、ある種の心の余裕がないと不可能です。親の虐待の度が過ぎると洗脳状態になって、親への反発すら持てず、「親が自分を殴っていたのは、自分が悪いことをしたから」という発想になってしまう。

女性差別に社会や本人が気づくには、社会全体の意識が高まり、女性の教育レベルも高まる必要があるのと同じで、被虐待児が親の虐待に気づくには、それが虐待であると人に教えられたり、親の謝罪を受けたり、親以外に自分を尊重してくれる親族や他人がいたりすることによって、意識が高まることが必要なのです。

そういう条件にも、一茶は当てはまっていました。

悲惨な子ども時代にも祖母だけは味方であったのに加え、農民とはいえ読み書きの出来る階級に生まれ、俳句の才にも恵まれて弟子を持つほどになっていた。何より継母と一緒になって一茶を攻撃することもあった父が、最期の時には、継母と喧嘩してまでも資産を一茶に残そうとしてくれたのです。

父は涙ながらに、一茶に語っています。

「そもそもお前は三歳で母に死に別れ、成長しても〝後《のち》の母〟（継母）と不仲で、日ごとに心を痛め、夜ごとに憎悪の火を燃やし、心の安まる時はなかった。それで思うに、一緒にいたら、ずっとこれが続くだろう、一度故郷を離れさせれば、あるいは仲良くなることもあろうかと、十四（岩波文庫注によれば実際は十五歳）の春、はるばる江戸に行かせた。ああ、よその親であれば、あと三、四年したら家を任せ、お前にも安心させて、我等も余生を楽しんだろうに、年端もいかぬ痩せ骨にきつい仕事……さぞ冷たい親と思ったろう。皆、前世からの定めと諦めてくれ」と。

一茶自身の思いがなだれ込んだかのような、息子の思いに添った父のことば……。父はまた、

「私の死後は妻帯し、この土地を離れるな」

とも言ってくれた。

あるいは父の述懐には、「父がこう思っていてくれたら」という一茶の願望も混じっているのかもですが、父が最期の力を振り絞り、一茶にも遺産を分けようとしたおかげで、一茶は継母や異母弟を憎んでも、父をさほど恨まずに済んだ、恨んだとしてもゆるすことができた。それは、何かにつけて生きづらい、愛されているという実感の少ない、自信のない毒親育ちにとって、大きな救いになったはずです。

一茶に冷たい研究者

とはいえ、父の終焉は、その後の長い戦いの幕開けでもありました。母方親族の立ち会いのもと、弟と屋敷を半分に分けることで遺産問題が収束するのは、父の死から実に十三年後。一茶はすでに五十二歳。その三ヶ月後にはじめて結婚できたのです。

前近代の庶民階級は、次男以下は結婚できなかったり婿養子に出されたりすることが多かったのは知られていますが、長男である一茶がこの年まで結婚できなかったのは、財産問題が解決していなかったからにほかなりません。

結婚後も受難続きで、授かった三男一女は二歳以下で死去。妻も死に、六十二で娶った二人目の妻とは三月足らずのスピード離婚。六十四歳で三人目の妻と結婚するものの、翌年、一茶は六十五歳の生涯を閉じます（矢羽勝幸校注『一茶　父の終焉日記・おらが春他一篇』一茶年譜）。一茶の死後生まれた次女だけは、明治六（一八七三）年、四十六歳まで生き延びています（小林計一郎『小林一茶』）。

ちなみに、一八一〇年正月から一八一八年末、四十八歳から五十六歳までの九年間の日常と句が綴られた『七番日記』はセックスの回数が記されていることでも有名で、さまざまな強壮剤や妻の月経の記載もあります（拙著『本当はひどかった昔の日本』参照）。

また、

〝我と来て遊べや親のない雀〟（『おらが春』）

〝名月を取てくれろとなく子哉〟（同）

〝やれ打《うつ》な蠅が手をすり足をする〟（『梅塵八番』）

等、一茶の名句の多くは、結婚生活のあいだに詠まれたものです。

虐待や妻子の死、自身の病苦といった不運に見舞われながらも、最期まで創作活動に精を出していた一茶が私は大好きで、拙著の『くそじじいとくそばばあの日本史』はこう締めくくったものです。

「相続争いの中の家族関係を赤裸々に語り、五十二歳で初婚と遅咲きながら、短い結婚生活で力の限り性生活に励み、子を愛し、創作活動に励んだ一茶。

人を憎むのも愛すのも全力投球のくそじじい、私はかっこいいと思います」

でも……。

そんなふうに一茶のことを調べていた過程で驚いたのは、研究者たちの一種、冷たい視線です。一茶が幼少時、朝から晩まで異母弟の子守をさせられていたことも、

「これは継母による一茶への嫌がらせでもいじめでもない。どんな家でも弟や妹が生まれれば、長男や長女は彼らの面倒を見るのが役目だった」（青木美智男『小林一茶——時代を詠んだ俳諧師』）

とあるのを見た時は、頭を殴られたような感じになりました。わざと泣かせたと疑わ

れ、〝杖〟を当てられぬ日とてなく、一年中、目を泣き腫らしていたというくだりはスルーなんです。

『父の終焉日記』でメインに描かれる相続争いにしても、一茶に批判的な論調が多く、小林計一郎は、「この作では、継母・弟は完全に悪役をわりあてられて」（小林氏前掲書）いるとして、「どう考えて見ても、この事件で得をしたのは一茶」と断定しています。

小林家の持ち高は一茶が家を出たころと比べると倍ほどになっていた。それは継母や異母弟の働きによるのに、故郷を出ていた一茶が半分も取るとはけしからんというのです。

地所だけでなく、もめていた期間中、一茶が得るはずの土地に弟たちが居住していた家賃等として金三十両を請求したことも（結局、本家等の説得もあり、十一両二分で落ち着いた）、一茶の好感度が下がる要因になっているようで、

「四半世紀も出奔状態で村・宿の公役を放擲した百姓弥太郎（大塚注・一茶の本名）が、長男とはいえ父から入手した、たった一枚の遺書で半分もの家産をもぎ取り」（高橋敏『一茶の相続争い――北国街道柏原宿訴訟始末』）

とまで言われてしまう。

総じて一茶の言い分は、

「自分の不幸を誇張する一茶のくせ」（小林氏前掲書）

と受け止められ、子どもの死ですら、

「一茶の病毒の遺伝かも知れない」（同）

とまで言われてしまう。

一茶は話を盛っている、というのが研究者の大半の見方なのです。

毒親育ちの二次被害

たしかに一茶の言い分には誇張もあります。幼時の虐待にしても、

〝杖のうきめ当てらるゝ（事）、日に百度、月に八千度〟（『父の終焉日記』）

などというくだりは明らかな文飾です。

けれど、幼い一茶にとってはそれほどつらく感じられたのだ、というのが私の解釈です。

そもそも一茶は好きで故郷を出たわけじゃない。継母との関係悪化を案じた父の手で、長男であるにもかかわらず江戸に奉公に出されたのです。そのへんを考慮に入れず、相

続争いで「得をしたのは一茶」だとか「出奔状態」だったとか「不幸を誇張する一茶のくせ」だとかいうのは、毒親育ちのつらさを理解していないとしか思えません。

こういう非難、凄く既視感あるんですよ。

毒親育ちがたまに実家に帰った時、近所の人などに「もっと帰ってきてあげたらいいのに。親御さんお寂しいでしょう」等と言われる。それで「親とは関係が悪いんで」と言おうものなら、「親子でしょ！」と目を丸くされる。被害を受けた子のほうが、「親子なのに」「親子なんだから」と非難され、加害者扱いされてしまう。

日本ではこれが、今も昔も、毒親育ちに対する一般的な「世間の声」なのです。研究者の声も、そんな世間の声と同根なんです。毒親育ちの二次被害以外の何物でもありません。一茶は、旧弊な価値観のはびこる江戸末期から今に至るまでずっと、そうした二次被害を被ってきた。

〃古郷《ふるさと》やよるも障《さは》るも茨《ばら》の花〃（『七番日記』文化七年五月十九日）

文化七（一八一〇）年、遺産問題でもめていた四十八歳の折、故郷に来ても白湯一杯すら勧められなかったので早々に退散した時、詠んだ句です。故郷の人はイバラのようにとげとげしかったのです。

遺産問題が決着し、結婚後、異母弟の隣に定住することになったあとは、

〝古郷は蠅迄人をさしにけり〟（『おらが春』）

という句も詠んでいる。

蠅まで人を刺すほど故郷は冷たい。しかしそんな故郷に、それも相続で十三年間もいがみ合った異母弟の隣に一茶は住んでいるんです。

強さの秘密――「親」は必ずしもありがたいものではないという気づき

親族と遺産相続を巡って十年以上戦うだけでも難儀なのに、長年争っていた相手の隣に住み続けたというのも驚きで、一茶のこの強さというのはどこからくるのでしょう。

生まれつきの性格のほか、祖母にだけは愛されたという子ども時代の記憶、創作で成果を出したことが、自信となったのかもしれませんが……毒親育ちとして一つのケリをつけたことが効いているのではないか。

毒親育ちが奪われた人生を取り戻す、「独立」するための過程に「親との対決」というのがあります。その手だての一つが「自分の気持ちを相手に語る形ですべて書き出

す」ということだそうです（スーザン・フォワード『毒になる親』）。一茶は、親の仕打ちで幼いころの自分がどんなにつらい思いをしたか日記に書き、死に際の父に謝罪を受けたわけで、毒親育ちとしては理想的な「独立」を果たしたと言えます。

近松の「女殺油地獄」の継父は、〝継父なればとて親は親、子を折檻するに遠慮はないはずなれど〟と言ったものです（↓前章）。それが百年後の一茶は、継母の折檻を餓鬼道にたとえ、家族の毒を吐き出した……。

「毒親の日本史」的な観点からすれば、『父の終焉日記』が、継母を悪く書きすぎているという批判は当たりません。

一茶は、たとえ親であっても折檻はいけない、折檻は子につらい思いをもたらすだけと気づいている。もっと言えば、親が必ずしも子を思うありがたい存在とは限らないことに気づいています。それを示すのが、本章冒頭に挙げた〝うそ寒や〟の句ではなかったでしょうか。

子を守る気持ちなどない親が実在することを一茶は知っています。それは、たとえ継母・継父でも親はありがたいものだというのが常識だった当時にあって、かなり特異な気づきのはずですが、そうと気づけばかえって気もラクになったのではないでしょうか。

毒親育ちの記念碑的作品――虐待の連鎖を乗り越え

一茶は、毒親育ちは毒親になりがちであるという負の連鎖も克服しているように見えます。

『おらが春』には、長女さとが風車をほしがってむずかったので与えたところ、〝むしやく〳〵〟しゃぶって捨ててしまい、そこらにある茶碗を壊しては、それにも即座に飽きて、〝障子のうす紙をめり〳〵むしる〟様が描かれています。

〝よくしたよくした〟

と一茶が褒めると、本気にして〝きやら〳〵〟と笑い、ひたむしりにむしる。そんなさとを一茶は、

〝心のうち一点の塵もなく、名月のきら〳〵しく清く見ゆれば、迹《あと》なき俳優《わざをぎ》見るやうに、なか〳〵心の皺を伸しぬ〟

と形容します。無心な我が子の姿を、あとに続く者のない名優の演技を見るようで、すがすがしい気持ちになった、というのです。

当時一茶は五十七歳。その高齢も手伝っていたのでしょうが、「虐待の連鎖」という

ことが言われる中、茶碗を割っても障子を破っても怒らず、感動して見ている一茶の姿に胸打たれます。

子どもを詠んだ句の数々や、継母との対決と父の謝罪が綴られた『父の終焉日記』を見ていると、長い歴史を経て、ついに親から受けた虐待を綴り、謝罪のことばを引き出すまでの過程を書いた人が現れたと感無量になります。

しかも世間の風当たりにも負けず、長男として当然受け取るべき財産権を主張し続けて、毒親から慰謝料とも言うべき遺産を勝ち取った……。

一茶の存在自体が毒親育ちにとっての救いであり、『父の終焉日記』は、毒親の日本史にとって記念碑的な存在であると思うゆえんです。

参考原典・主な参考文献

1　参考原典　本書で引用した原文は以下の本に依る。

●黒板勝美・国史大系編修会編『尊卑分脈』一〜四・索引　新訂増補国史大系　吉川弘文館　一九八七〜一九八八年

●岩澤愿彦監修『系図纂要』新版　第15冊下　名著出版　一九九九年

●岡見正雄・赤松俊秀校注『愚管抄』日本古典文学大系　岩波書店　一九六七年

●小島憲之・直木孝次郎・西宮一民・蔵中進　毛利正守校注・訳『日本書紀』一〜三　新編日本古典文学全集　小学館　一九九四〜一九九八年

●山口佳紀・神野志隆光校注・訳『古事記』新編日本古典文学全集　小学館　一九九七年

●植垣節也校注・訳『風土記』新編日本古典文学全集　小学館　一九九七年

●『旧唐書』本紀第六武則天：https://zh.wikisource.org/wiki/舊唐書/巻6（維基文庫）

●江口孝夫全訳注『懐風藻』講談社学術文庫　二〇〇〇年

●小島憲之・木下正俊・佐竹昭広校注・訳『萬葉集』一〜四　日本古典文学全集　小学館　一九七一年〜一九七五年

●青木和夫・稲岡耕二・笹山晴生・白藤禮幸校注『続日本紀』一〜五　新日本古典文学大系　岩波書店　一九八九〜一九九八年

●沖森卓也・佐藤信・矢嶋泉『藤氏家伝』吉川弘文館　一九九九年

●中野幸一校注・訳『うつほ物語』一〜三　新編日本古典文学全集　小学館　一九九九〜二〇〇二年

●片桐洋一校注・訳『竹取物語』：『竹取物語・伊勢物語・大和物語・平中物語』日本古典文学全集　小学館　一九七二年

●阿部秋生・秋山虔・今井源衛校注・訳『源氏物語』一〜六　日本古典文学全集　小学館　一九七〇年〜一九七六年
●三谷栄一・三谷邦明校注・訳『落窪物語』：『落窪物語・堤中納言物語』新編日本古典文学全集　小学館　二〇〇〇年
●鈴木一雄校注・訳『夜の寝覚』日本古典文学全集　小学館　一九七四年
●木村正中・伊牟田経久校注・訳『蜻蛉日記』：『土佐日記・蜻蛉日記』新編日本古典文学全集　小学館　一九九五年
●小林保治・増古和子校注・訳『宇治拾遺物語』新編日本古典文学全集　小学館　一九九六年
●岩佐美代子校注・訳『十六夜日記』：『中世日記紀行集』新編日本古典文学全集　小学館　一九九四年
●『和歌口伝』：佐佐木信綱編『日本歌学大系』第四巻　風間書房　一九六八年
●笠松宏至校注『御成敗式目』：『中世政治社会思想』上　日本思想大系　岩波書店　一九七二年
●簗瀬一雄編『校註 阿仏尼全集 増補版』風間書房　一九五八年
●次田香澄全訳注『うたたね』講談社学術文庫　一九七八年
●井上宗雄校注・訳『金槐和歌集』雑部：『中世和歌集』新編日本古典文学全集　小学館　二〇〇〇年
●市古貞次校注・訳『平家物語』一・二　日本古典文学全集　小学館　一九七三・一九七五年
●永積安明校注・訳『徒然草』・安良岡康作校注・訳『歎異抄』：『方丈記・徒然草・正法眼蔵随聞記・歎異抄』新編日本古典文学全集　小学館　一九九五年
●永原慶二監修・貴志正造訳注『全譯 吾妻鏡』一〜五　新人物往来社　一九七六〜一九七七年
●小島孝之校注『閑居友』：『宝物集 閑居友 比良山古人霊託』新日本古典文学大系　岩波書店　一九九三年
●久保田淳校注・訳『建礼門院右京大夫集・とはずがたり』新編日本古典文学全集　小学館　一九九九年
●水原一考定『新定源平盛衰記』第六巻　新人物往来社　一九九一年
●高橋貞一『訓読玉葉』第五巻　高科書店　一九八九年

●山中裕・秋山虔・池田尚隆・福長進校注・訳『栄花物語』一〜三 新編日本古典文学全集 小学館 一九九五〜一九九八年
●梶原正昭校注・訳『義経記』日本古典文学全集 小学館 一九七一年
●『性空上人伝』：塙保己一編『群書類従』第四輯 経済雑誌社 一八九八年 https://dl.ndl.go.jp/info:ndljp/pid/1879458（国立国会図書館デジタルコレクション）
●川端善明・荒木浩校注『古事談 続古事談』新日本古典文学大系 岩波書店 二〇〇五年
●井上光貞・大曾根章介校注『大日本国法華経験記』：『往生伝 法華験記』日本思想大系新装版 岩波書店 一九七四年
●橘健二・加藤静子校注・訳『大鏡』新編日本古典文学全集 小学館 一九九六年
●小島孝之校注・訳『沙石集』新編日本古典文学全集 小学館 二〇〇一年
●小松茂美編集・解説『土蜘蛛草紙・天狗草紙・大江山絵詞』続日本の絵巻 中央公論社 一九九三年
●『血脈文集』『恵信尼の消息』……名畑應順・多屋頼俊校注『親鸞集』：『親鸞集 日蓮集』日本古典文学大系 岩波書店 一九六四年
●小松茂美編『善信聖人親鸞伝絵』続々日本絵巻大成 中央公論社 一九九四年
●『本朝皇胤紹運録』：塙保己一編『群書類従』第五輯 続群書類従完成会 一九三二年
●山下宏明校注『太平記』二 新潮日本古典集成 一九八〇年
●『豊鑑』巻一・『梅松論』上……塙保己一編『群書類従』新校 第十六巻 内外書籍 一九二八年 https://dl.ndl.go.jp/info:ndljp/pid/1879780/211（国立国会図書館デジタルコレクション）
●檜谷照彦・江本裕校注『太閤記』新日本古典文学大系 岩波書店 一九九六年
●松田毅一・川崎桃太訳『フロイス日本史』1・2 中央公論社 一九七七年

●竹鼻績全訳注『今鏡』上・中・下　講談社学術文庫　一九八四年
●武田祐吉校注『祝詞』:『古事記 祝詞』日本古典文学大系　岩波書店　一九五八年
●中田祝夫校注・訳『日本霊異記』新編日本古典文学全集　小学館　一九九五年
●東京大学史料編纂所編『殿暦』五　大日本古記録　岩波書店　一九七〇年
●『東照大権現祝詞』赤堀又次郎解説（非売品）一九一五年
https://babel.hathitrust.org/cgi/pt?id=keio.10810635461&view=1up&seq=1
●鳥越文蔵・山根為雄・長友千代治・大橋正叔・阪口弘之校注・訳『近松門左衛門集』一・二　新編日本古典文学全集　小学館　一九九七・一九九八年
●郡司正勝校注『東海道四谷怪談』新潮日本古典集成　一九八一年
●矢羽勝幸校注『一茶 父の終焉日記・おらが春 他一篇』岩波文庫　一九九二年
●丸山一彦校注『一茶 七番日記』上・下　岩波文庫　二〇〇三年
●玉城司訳注『一茶句集』角川ソフィア文庫　二〇一三年
●『梅塵八番』……丸山一彦校注『新訂 一茶俳句集』岩波文庫　一九九〇年

2　主な参考文献については本文中にそのつど記した。

大塚ひかり　1961(昭和36)年生まれ。早稲田大学第一文学部日本史学専攻卒。『源氏物語』全訳6巻、『女系図でみる驚きの日本史』『くそじじいとくそばばあの日本史』など著書多数。

Ⓢ新潮新書

900

毒親《どくおや》の日本史《にほんし》

著　者　大塚《おおつか》ひかり

2021年3月20日　発行

初出「デイリー新潮（Web）」
2020年4月号〜2021年2月号

発行者　佐　藤　隆　信

発行所　株式会社新潮社

〒162-8711　東京都新宿区矢来町71番地
編集部(03)3266-5430　読者係(03)3266-5111
https://www.shinchosha.co.jp

系図制作　大塚ひかり

製図　松永レイ

印刷所　錦明印刷株式会社

製本所　錦明印刷株式会社

ISBN978-4-10-610900-3　C0221

価格はカバーに表示してあります。

Ⓢ新潮新書

735
女系図でみる驚きの日本史
大塚ひかり

平家は滅亡していなかった⁉ かつて女性皇太子がいた⁉ 京の都は移民の町だった⁉――胤（たね）よりも、腹（はら）をたどるとみえてきた本当の日本史。

831
女系図でみる日本争乱史
大塚ひかり

応仁の乱、関ヶ原合戦、戊辰戦争……日本の命運を分けた争乱を「女系図」でみていけば、み～んな身内の相続争いだった！ この1冊で日本史がスッキリ判る。

894
検閲官
発見されたGHQ名簿
山本武利

敗戦後、あらゆる言論が検閲された。GHQに雇われた日本人エリートたちによって――。著者の発掘した名簿や、経験者の証言等、一次資料から浮かび上がってくる戦後裏面史。